浙江省普通高校"十三五"新形态教材

高职高专酒店管理专业工学结合规划教材

U0560255

前厅运行与管理

（第二版）

江 浩 著

ZHEJIANG UNIVERSITY PRESS

浙江大学出版社

·杭州·

图书在版编目（CIP）数据

前厅运行与管理/ 江浩著. — 2版.— 杭州：浙
江大学出版社，2024.1
高职高专酒店管理专业工学结合规划教材
ISBN 978-7-308-23229-6

Ⅰ．①前… Ⅱ．①江… Ⅲ．①饭店－商业管理－高等
职业教育－教材 Ⅳ．①F719.2

中国版本图书馆CIP数据核字(2022)第205046号

前厅运行与管理（第二版）
QIANTING YUNXING YU GUANLI
江浩　著

策划编辑　徐　霞（xuxia@zju.edu.cn）
责任编辑　徐　霞
责任校对　秦　瑕
封面设计　卢　涛　周　灵
出版发行　浙江大学出版社
　　　　　（杭州市天目山路148号　　邮政编码　310007）
　　　　　（网址：http://www.zjupress.com）
排　　版　杭州林智广告有限公司
印　　刷　杭州高腾印务有限公司
开　　本　787mm×1092mm　1/16
印　　张　14.25
字　　数　330千
版 印 次　2024年1月第2版　2024年1月第1次印刷
书　　号　ISBN 978-7-308-23229-6
定　　价　49.00元

为了便于教学，也为了学习者能更方便地使用本教材，本书通过尽可能少的理论和文字，并通过扫码即时在线学习观看视频、文章、案例、学生优秀作品和图片等，回答问题，完成课前课后小测或课中训练与思考、讨论等，同时结合学习者的需求，推导出需要掌握的知识点和能力要求。本书阐述了目前酒店前厅各岗位的工作内容和注意事项以及酒店最新的信息、动向与发展，同时明确学习任务与程序工作内容的设计思路，培养学习者的分析能力，使其能从不同角度思考并解决问题，学会举一反三。本书试图通过这样的内容与方式使不熟悉酒店实际工作的高职学生和有志于从事酒店前厅工作的人知道前厅工作要做什么、具体怎么做，学会操作且明白为什么要这样做，从而为实习、就业打下坚实的基础，获得更广阔的发展空间。

本书亦试图让学习者初步具备管理意识和产品分析、特色定位、销售、投诉处理、报表分析等能力，从而不仅能胜任酒店前厅的工作，且能从事酒店以外其他行业的工作。

本书内容分为两部分：一部分介绍前台（含入住、退房、外币兑换、问询与留言等）、行李服务、总机、商务中心这些前厅岗位的工作内容与操作程序；一部分是通识与初步管理类内容，包括前厅的概述，酒店产品，房型、房价、房态，目标市场、特色与定价，预订与销售，投诉处理，报表的初步分析，前厅管理等方面。

本书根据"项目导向、任务驱动"的能力本位的教学改革要求以及当下酒店管理与数字化运营专业学生的就业需求进行编写，适合作为高职高专酒店管理与数字化运营专业及旅游管理类专业前厅课程的教学用书。

导学

作者简介

　　江浩，1971年8月28日生，硕士，副教授。现主要从事酒店前厅与客房实务、酒店英语、酒店管理、旅游企业经营、导游英语、综合实训和毕业生实习等领域的教学实践、管理与就业咨询工作。有五年高星级酒店从业经验，在法国尼斯喜来登酒店前台工作两周。曾担任2005年、2008年、2010年、2013年和2021年浙江省饭店业大赛前厅服务组裁判。主持完成浙江省社会科学联合会研究课题及校级课题多项，参与主持省级课题和精品课程多项。著有《前厅服务技巧与训练》，在国内二级核心期刊上发表文章数篇。

　　十年磨一剑。本书以二维码为载体，嵌入视频、提问、小测验、拓展资源、问题讨论、能力训练、思考与练习、作业与优秀作品分享等数字资源，将教材、课堂、教学资源三者融合，实现线上线下融合，通过"做中学、学中做"项目能力展开式教学模式，使学生学习、领悟并获得从事前厅操作、服务与管理的基本常识、信息和能力，方便课堂教学与互动，及时了解学生的学习情况及效果，注重技能的获得与职业素质的引导。

　　本书内容与时俱进，增加了酒店智能化、数字化管理内容，最新的实操案例，以及酒店的动向与发展。本书简单易懂，理论叙述或文字不是太多却很实用，尽可能多地用案例、视频、业内文章、学生作品和图片吸引读者去学习、思考这样做为什么不合适、应该怎么做，从而掌握每个应该掌握的知识点，扩宽视野和知识面，避免学过就忘，扭转"学是为了应付考试、教学一学期不如实习一两个月收获多"的现状。

　　在实际工作中，酒店对前厅员工英语口语的要求较高，本书除专业术语使用英语并加以注明外，在预订、问询、总机、投诉处理等模块中，部分内容也采用了中英文表达的方式，希望可以帮助学生或是前厅从业人员看懂报表，快速熟练操作 Opera、PMS 等各类管理系统，更专业地学习前厅及酒店的管理知识。

　　希望学生在学习过程中能掌握以下三个方面：

　　第一，掌握目前前厅各岗位的各项工作内容。知道做什么、怎么做，会操作，为实习、就业做好准备。

　　第二，不仅知其然，还要知其所以然。学习前厅各岗位的工作内容、程序、任务的设计思路，知道为什么要这样操作，并思考这些操作是否可以调整、优化；锻炼学生的思考分析能力，引导学生从不同角度去思考和解决问题，学会举一反三，学会变通与创新。希望学生通过本课程的学习，即使做服务员也能比别人做得更好、更专业、更有想法，进而为做一名称职的基层管理者或中层管理者，为更好地创业做准备。在当下智能化、数字化时代，学习获得这样的能力对从事酒店服务业或其他行业而言都显得尤为重要。

第三，通过本书的学习，酒店管理类专业的学生及正在从事前厅工作的同仁具备创新产品、定位、定价、销售、投诉处理、报表分析、管理等能力和职业意识，对前厅工作有更专业的了解并有助于从事酒店及其他行业的工作。这是作者写这本书最期待的。

教学建议与思考：

1. 根据课时（32~64课时），要考虑让学生学到什么，学会什么，怎么考核。在教学内容与培养能力上，要依据学生可能的实习、就业情况与学情来决定上哪些内容，怎么上。或是教授前厅工作具体做什么并会操作；或是启发引导、训练思考为什么要这样做；或是加强通识与管理能力方面的内容；等等。

2. 要明确每次课（2课时）要讲清楚或解决一至几个问题。

3. 让学生在课堂上动起来，即动脑动手，多回答多训练，通过自我学习、教师点评与教学讲清或解决每次课的授课任务。鼓励学生不要怕说错做错，学会及时纠正、归类总结并记录下来。

总之，教学内容、重点需要有取舍，关键在于要讲清楚若干个问题，引导学生去学去做，学了能知其道理，清楚自己应该做什么，怎样才能做好。

4. 建议学习内容先难后易，先教授产品、定价、销售、前厅管理等模块内容，再教授前厅各岗位工作内容与操作，使后面的教学更立体生动。作业的布置亦是如此。

本书适用于高职高专酒店管理与数字化运营专业及旅游管理类专业前厅课程的教学和实践，也适用于酒店管理类专业函授、夜大学生的理论教学和酒店前厅在职人员的学习和培训。

教师可手机下载问卷星APP，登录13067910595，输入密码jiaoxueyong123，获得教材中嵌入的二维码的数据与结果，从而及时了解学生的学习情况及效果；也可在使用本教材的同时，通过浙江省高等学校在线开放课程共享平台或职教云在线学习"前厅与客房实务"这门课程的线上内容。

最后，感谢学院领导和曹燕南、范青云、张诚、张雅、裘洁、张海燕、郭焱、石宵鸿、徐超、陈茹慨、孟寅、李嘉勇、余碧渊、陆旭、颜沛霏、吴莎莎、张琳洁、高梁怡、陈志濠、叶雯静、杨夏兰、郭艾琳、顾思佳、张璇、徐翔、王孟挺、杨琳、黄温柔、陈映雪、王荣设、肖棣瀅、石姓岚等众多同学，衷心地感谢他们！

本教材对智能化、数字化前厅这方面内容还有待进一步加强与补充。自助入住机、智控面板、微信房卡等数字化工具的出现重构了传统的酒店服务场景，需要我们重新理解酒店服务，学习新场景下的服务技能，在新的服务场景中快速融入服务氛围，展示更多元的能力。比如，传统的前台员工有可能同时是一位咖啡师，还需要做好线上的服务工作、客户的维护、各类系统的切换操作，以及数据的采集处理、分析与应用等。

由于学识和阅历有限，书中的不足之处在所难免，请读者予以批评指正。如若本书二维码中引用的文章因时间久远或其他原因无法扫码观看，可援引类似文章加以阅读和学习，谢谢！

笔者

2023 年 5 月

CONTENTS

目录

通识与管理初步

模块一　前厅部概述

学习目标

知识目标

1. 了解前厅部的一般组织机构。

2. 对前厅部的工作时间和各岗位有基本的认知。

3. 掌握前厅部的目标与任务。

开胃小练

随着科技的发展、消费者舒适度概念的提升、酒店管理意识的提高，酒店智能化日益成为热门话题。在某些酒店，员工极少，智能机器人替代了前厅员工的工作，那么在这种情况下我们还需要学习前厅的哪些内容与技能？

1-1
开胃小练

项目一　前厅部组织机构

任务一　了解星级酒店的前厅部组成

如图1-1所示，星级酒店的前厅部一般由前台（也叫总台）、总机、行李房或礼宾部、商务中心、宾客关系经理（也叫大堂副理）等组成。在外方管理的酒店中，前台员工往往是一人多能的，既是接待员，也是收银员和问询员等。而在一些国有酒店，接待员和收银员往往是分开的：接待员负责客人的登记接待，属前厅部管辖；收银员负责收款、结账、结款和外币兑换等事宜，属财务部管辖。随着智能化、数字化等科技的发展和客人需求的变化，前厅部的组织机构和岗位设置亦随之发生相应的调整和变化。如一些新开酒店的总机、前台已改名为宾客服务中心，与时俱进，为客人提供在线咨询与服务，不仅在客人住店期间提供服务，在客人离店之后亦要进行良好关系的延伸与维护。有的酒店在前台或行李房设置了文旅官，为客人"出谋划策"，推荐本地吃、玩、行、游、购、文化娱乐等项目。预订就是销售，因此现在大多数酒店的预订部归属在销售部下。在有些酒店，宾客关系经理（Guest Relation Manager/Officer）是直接归总经理办公室管辖的。一些高星级酒店，或者离机场、车站、地铁较远而交通不方便的度假型酒店等为了获得更多的客源，方便客人及提供更好的服务，还专门设置了驻机场代表等职位。

总之，前厅部的组织机构和岗位设置是因需而设的，酒店不同，其组织机构和岗位设置也会不同。

图1-1　前厅部的一般组织机构

任务二　初步认识前厅岗位

一、工作班次安排

在前厅工作，除了经理、文秘、预订员等是常日班外，其他岗位都安排有2~3个班次：早班、中班和晚班（也叫夜班）或小夜班。通常，其工作时间为8个半小时，其中半个小时属于吃饭时间。具体时间安排可参照如下：

早班：06:30—15:00。

中班：14:30—23:00。

晚班：22:30—次日07:00。

二、前厅各岗位基本介绍

一般来说，前厅部的主要岗位有以下几类。

◎预订员

预订员的主要工作是接受预订和咨询，接待客人办理预订手续（见图1-2）。预订员在接受预订（电话、网络等）、面对面接待客人时属于一线员工，除此之外则属于后台（二线）服务人员。从上班时间、工作强度、可学内容方面来看，这是前厅部中极锻炼人的岗位。除了忙时需要加班外，一般为常日班。预订员要会处理电脑预订数据，做分析报表，给出判断和建议，因此该岗位较有技术含量，需要具备销售技巧和经验。当前，网络预订的重要性日益凸显，在高星级酒店，该岗位多归属于销售部下，有预订员和预订部经理等职。预订员要会切换使用各类操作管理系统（如Marsha、Opera和PMS等），需具备较高的外语水平。

图1-2　学生在预订部实习

◎文秘

前厅部门一般配备一名文秘，主要是为前厅经理和整个前厅部服务。具体工作包括起草文件，做总结，整理、保存文档，接听电话，接待来访，做好前厅部的后勤工作，以及与员工、酒店其他部门的沟通、联络等工作。此岗位属于后台服务，与预订员一样是常日班，周末与节假日正常休息。当后台预订电话繁忙时，该岗位也需要协助做好预订或咨询工作。

◎商务中心员工

商务中心员工属于一线员工（见图1-3）。有早班和中班两班，通常没有夜班。该岗位需要具备较强的人际沟通能力和独立处理事务的能力，外语口语流利，会进行办公设备操作与维护，能为客人提供线上会议服务、复印、打印、订票、网络服务等商务便利。

◎总机员工

总机员工属于一线员工。总机房是个闲人莫入的地方。除了要上夜班或小夜班（17:00—次日01:30）外，工作内容相对固定。工作地点通常为一个封闭的小房间，与线路、设备等共处。主要工作是负责酒店内外电话的转接，回答客人的电话询问，提供电话找人、留言、叫醒、保密等服务（见图1-4）。被称作宾客服务中心（Guest Service Center）的总机，还提供住房、餐饮、娱乐等酒店一切产品的预订与促销，按要求给旅行代理人和商业机构准备报告，熟知酒店的消防、救生和安全系统，及时处理好线上线下客人的所有问询和要求。

◎前台员工

前台员工属于酒店最前沿的岗位，是与客人打交道最多的岗位，也是最锻炼人的岗位（见图1-5）。做前台可以学到较多东西，需要上夜班（有的酒店会安排专门的员工做夜班）。在一人多能的前台，忙时需要同时做很多事：既要接听各路电话、做入住登记、跟客人打

图1-3　学生在商务中心实习

图1-4　学生在总机实习

图1-5　学生在前台实习

招呼、接待客人、做预订、做促销，又要做退房、外币兑换、回答咨询、处理投诉、维护客户信息、联系其他部门、力争保持酒店的高标准并重视酒店的安全防控防疫工作等。

◎行李房员工

目前，可供男孩子选择的前厅工作岗位除了前台外，主要就是在行李房工作，做行李员、文旅官或门童。当然也有女孩子在此部门做女门童的。行李房的工作主要就是为客人提供及时到位的行李服务，为客人叫车，提供委托代办服务，需要多跑腿。这个岗位在提供24小时服务的高星级酒店里，通常是要上夜班的（见图1-6）。

图1-6　学生在行李房实习

◎前厅主管

前厅主管除普通岗位的工作都会做外，还负责排班，申领各种消耗品，参加前厅早会，传达酒店上层的指示，反映工作情况，协助前厅经理做好重要宾客及团体会议接待的安排和准备工作等。同时，还要培训员工，解决疑难问题，保证每班次的前厅工作正常运转以及工作环境的整洁、有序，做好前厅的消防、安全防疫工作等。

◎大堂副理或宾客关系经理

大堂副理的主要职责是维护大堂的正常秩序，代表酒店迎送和做好重要宾客及团体客人住店期间的接待工作；征询住店客人的意见，处理客人投诉，帮助客人解决各类问题；巡查酒店内外，保证各项功能运行正常；发展会员，开发和应用客人电话/微信联系系统，计划并参加会员和贵宾的定期酒会和社会活动，做好前厅经理或总经理交付的其他工作；等等。

1-2
酒店大堂副理的
工作职责

1-3
学生作品1：对
醉酒客人的处理

1-4
学生作品2：处理
客人的换房要求

一般来说，前厅各岗位的夜班工作强度不大，只是人体的正常生物钟需要调整并重新适应。

1-5
讨论：在线客服
工作

👤 能力训练

1.你心中做得好的在线客服工作是怎样的？

2.你对在线服务不好的体会有哪些？

♀ 项目二　前厅部的目标、地位和任务

任务一　前厅部的目标与地位

前厅部的目标是接待、服务好走进酒店的每位客人，尽最大可能销售客房及酒店的其他产品，给客人留下美好的印象，从而建立、维护与客人的感情，使酒店获得理想的经济效益和社会效益。

前厅部在现代酒店中占有举足轻重的地位，它直接影响整个酒店的经营成效和对外形象。酒店的每一位客人从抵店前的预订到接机、入住、离店，都需要前厅部提供服务，前厅部是联系客人与酒店的纽带。此外，前厅部还是整个酒店承上启下、联系内外、疏通左右的枢纽，无论什么档次或规模的酒店，前厅部总是向客人提供服务的中心。

任务二　前厅部的任务

具体来讲，前厅部有以下六项主要任务。

一、协调指挥，共同完成对客服务

前厅部要组织接待和协调对客服务，如向客房部、餐饮部、工程部等部门下达各项业务指令，沟通与协调各部门，解决客人住店期间的各种需求和问题，为客人提供各项综合服务，共同完成每一次对客接待与服务。

二、及时回笼资金，是酒店的资金来源

在一人多能的前台，前厅部的首要任务是及时回笼资金。客人入住酒店时首先需要预付押金，随后他可在酒店各营业场所签单挂账，待退房离店时一并结清。酒店的营业收入除了非住店客人直接现付外，均是由酒店的前厅员工负责及时收进再上交到酒店财务部的。因此，前厅经理的首要任务就是确保入住客人的房费与押金的收入，退房客人的账款结清与挂账款的及时回笼。

三、是酒店的信息来源

由于前厅各岗位是与客人打交道最多的岗位，客人在线上线下预订、入住登记接待、问询、结账时都留下了一些基本信息、消费情况及爱好，酒店可以据此：

（1）了解客人需求，建立客史档案，为客人提供有针对性的服务。

（2）获得管理层需要的各种数据，帮助管理层进行决策。比如，客人主要来自哪些地区，哪类客人对酒店贡献最大，客人喜欢什么样的房型和价格等。

（3）传递信息，指挥、协调、配合酒店各一线部门共同完成对客接待任务。

由于客人的需求大多向总机/宾客服务中心、前台、商务中心或行李房反馈，因此前厅员工需要及时将客人的这些反馈传递到酒店各相关部门，以利于更好地开展对客服务工作，共同做好对客服务。

四、销售客房及酒店的其他产品

这里的销售主要是针对已走进酒店的步入客（Walk-in Guest）和有意来酒店住宿的咨询客人（包括来电咨询或网络咨询等）。应该看到，前厅的预订、总机、前台以及行李房的员工还肩负着销售客房及酒店其他产品的任务，如向住店客人销售月饼、酒店各餐厅美食以及各种娱乐产品、康乐产品等。

五、建立、维护与客人的感情，倾听客人的感受，及时解决可能发生的各类投诉

除了大堂经理处理投诉外，前厅部员工在给客人提供服务或者问候客人、与客人聊天沟通时，以及在后续的客户关系维护时，经常可以听到客人对酒店某处小小的不满或要求。这些不满或要求若通过及时反映得到改善或解决，可有效避免客人对酒店的不满和随之带来的对酒店的投诉。

六、是酒店的形象和门面

无论是从客人预订酒店产品开始，还是从接机开始，最先有幸为客人提供服务的通常是前厅部员工。比如，酒店门口行李员帮助客人卸下行李并引领客人至前台办理入住手续，门童的问候以及前台服务员的微笑等。同理，无论是前台员工为客人办理好退房结账，向客人道别说再见，还是行李员挥手送客人上车，司机或酒店班车送客人到机场值机，前厅部的工作常常代表着酒店的形象和门面，让客人留下对酒店的第一印象和最后印象。

👤 能力训练

1.请画出你所在班级的组织机构图。你认为你们班是否需要增加、删减或合并某个（些）班干部岗位？说出你的理由。

2.以5~6人为一组参观酒店，谈谈你对参观过的酒店前厅的印象或认识。

3.你认为在前厅部各岗位实习后能胜任的其他行业、职业岗位有哪些？

项目三 遇见：还需要前厅员工吗

任务一 智能技术、机器人在前厅服务中的应用

案例1

阿里未来酒店菲住布渴

　　阿里巴巴旗下的未来酒店菲住布渴酒店（FlyZoo Hotel）跟传统酒店不同，这个"未来酒店"没有一个工作人员，没有大堂经理，没有前台，甚至连清洁员都没有，所有的工作统统交给了智能机器人……

　　机器人带你到"自助入住机"办理入住登记

　　到达酒店之后，你看到的不是酒店服务员，取而代之的是一个身高约一米的机器人（见图1-7）。它会通过人脸识别，记住你的样子。随后，它会带领你到"自助入住机"旁进行入住登记。这个"自助入住机"能自动识别身份证、护照等20多种官方证件。你只需要拿出你的有效证件，把它放到验证口，机器就开始对你进行人脸识别。身份验证成功后，你的手机会收到一条预订成功的短信，并附有一串确认码。在输入确认码，点击"确认"键后，你就成功地入住了。整个入住办理过程，甚至不超过一分钟！

图1-7　菲住布渴机器人小菲

　　接待机器人会引领你到电梯口乘坐电梯，刷脸去到入住楼层。同样，电梯也是智能的。电梯旁边有一个大屏幕，你只需要对视一下大屏幕，它就能识别你的身份，然后把你带到入住楼层。当然，你也可以通过手动按键，去你想去的楼层。如果大屏幕识别到你不是住店客人，按键就不能使用。甚至，电梯还能通过酒店里的摄像头预知你的动向，提前出现在你的楼层。

　　刷脸入住

　　在到达房间门口时，不需要房卡，门上有一个环绕着蓝灯的摄像头。与它对视之后，确认入住者身份正确之后，门就会自动开启！

　　"天猫精灵"控制房间里的一切及送餐机器人的服务

　　菲住布渴酒店一共有290间房，除了普通房型之外，还有阿里产品系列专属房型，比如飞猪房、天猫国际房、优酷房等。你可以根据自身需求，选定想要的特色房间。同样，无论哪种房间，都是智能的。你只需要命令桌子上的"天猫精灵"，就可以控制房间里的一切。"天猫精灵，帮我关上窗帘"，"天猫精灵，把房间灯光调到浪漫模式"，"天猫精灵，帮我打开电视"……它甚至还可以帮你点餐，当你对它说出你想要吃的菜品时，它会第一时间通知送餐机器人。送餐机器人会在最短时间里将菜品送到你的房间门口。

手机上办理退房

在传统酒店退房时，前台会派清洁员前去查房，但在未来酒店，客人只需在手机上退房，系统就会弹出客人的所有消费金额，点击"确认"键后，客人可以随时离店。

案例2

据说，超百家希尔顿欢朋酒店都选用了ta

杭州运河希尔顿欢朋酒店前台已在使用数字签名：西软iPad数字签名系统可将传统纸质的住宿登记单、结账单及押金单转化成电子表单形式，系统一键推送，iPad端同步呈现供宾客核对，更加绿色环保，有利于提升效率。表单样式还支持个性化设计。关键信息位置一一标注清晰，查看直观方便。宾客核对后直接在屏幕上签名即可，表单随即保存在系统中，便于后续管理。

1-6
低碳高效，化繁为简，助力构建绿色饭店

在宾客核对住宿登记单时，酒店还可建议宾客预留手机号、邮箱等个人信息，便于紧急联络及后续营销。西软iPad数字签名系统支持直连"停车场系统"：在数字签名中预留车牌信息，可同步关联停车场系统，驾车无感进出。数字签名还支持收集客户评价，便于酒店及时处理宾客投诉。西软iPad数字签名系统还可滚动播放视频、图片，展示酒店形象，进行特色活动宣传。

1-7
据说，超百家希尔顿欢朋酒店都选用了ta

摘自：https://mp.weixin.qq.com/s/ZtM_BaZARx_Wtma1t4E7SQ. 2020-07-31.

案例3

颠覆传统入住模式

圆满完成第七届世界军人运动会接待任务的武汉金盾舒悦酒店（原金盾大酒店），充分运用高科技的智能酒店系统及轻奢简约的设计理念，颠覆传统酒店入住模式，采取全自助和人工服务"双大堂"的设计理念，使智能酒店理念与传统酒店服务有机结合（见图1-8）。在一楼自助大堂，宾客一分钟即可在自助机上完成酒店入住，退房一秒钟搞定全过程。金盾会员更可在线上直接预订、选房、申请电子发票，优先选择客房任一服务项目，以更为快捷便利、私密的方式办理入住及退房。现代轻奢的大堂，让每一位宾客在咖啡的香气中轻松、舒适地享受

1-8
颠覆传统入住模式

图1-8 武汉金盾舒悦酒店人工"一键"服务

人工办理入住、退房等服务！

摘自：https://mp.weixin.qq.com/s/tTC-QbtB6nT6lR0QLP5PUA. 2019-11-09.

👤 课堂练习

在武汉金盾舒悦酒店，24小时智能体验不仅能让您在享受舒适居住环境的同时玩转高科技，更能带给您对未来的思考。请对比自助入住与传统方式办理入住两者的区别。

 案例④

让服务拥抱科技，让智能回归品质

随着互联网的不断发展和人工智能技术的日趋成熟，智能化的应用让我们的工作和生活变得越来越便捷舒适，也给我们带来了截然不同的感官体验。"将住宿'质'造成一个可住、可看、可感的'复合型新体验感'，是我们一直身体力行在做的。"作为杭州中维香溢大酒店革新的"领头雁"，章总坦言压力跟动力并存。

"看脸"的酒店

2018年，杭州中维香溢大酒店的智能化工作取得突破性进展。中维香溢大酒店以"打造杭城第一家'看脸'的酒店"为基调，着力塑造"一脸通"标签，将不断提升的入住体验和支付体验提供给宾客。仅需扫描宾客身份证、扫描面部信息等简单步骤，进行一次性人脸录入，宾客即可凭着"一张脸"走遍全酒店。

刷脸登记入住

传统酒店采用人工方式办理登记入住，需要查询预订信息、核对身份证、付押金刷卡、宾客签字拿回身份证和房卡……即使在高端星级饭店，这一整套流程下来，宾客起码需要等上三分钟时间，要是遇到高峰期还要排队。而在杭州中维香溢大酒店的"智慧前台"，借助自助入住终端，宾客只需凭身份证等有效证件扫脸通过人证对比，系统自动将信息上传至公安系统，录入证件信息、获取房号凭条等登记入住手续不到一分钟就能一站式完成，退房亦同理。

刷脸乘坐客梯

办完入住手续，乘搭电梯前往房间，通过安装在客梯内的人脸识别系统，宾客只需刷脸，即可自动到达所入住楼层。没错，你的脸就是"通行证"，这可以最大限度地保障宾客的私密性和安全性。

刷脸打开房门

有人说，"能把门刷开的脸，才是真正的'刷脸'"。客人来到房门前，通过边墙上的智能门锁系统，人脸识别电子门牌抓取开门者的人脸信息，比对成功后无线控制房门门锁即自动打开。

刷脸享用餐，刷脸进行会议签到

安睡一整夜，来到餐厅好好享用一份早餐，宾客通过入住时录入的人脸信息，进行仪器识别通过认证，即可抛开房卡，享用美食。

来到大堂吧，品尝一下中维集团专属产品——燕尾服下午茶，通过人脸识别录入、判别宾客信息，比对其所住房间具有权限的，即可进行消费挂账，在退房时统一结算；开个小会，提前将会议信息进行绑定，即可刷脸进行会议签到，并实现现场投票、抽奖等功能……

让服务拥抱科技，让智能回归品质

刷脸记考勤，刷脸解锁手机……"刷脸"时代的悄然来临，让那个不久前还只是停留在概念上的新领域，渗透进了我们生活的方方面面。许是因为那一句"我们要为每一位宾客铸就一个住宿之外情有所享的体验之旅"的美好愿景，杭州中维香溢大酒店怀揣"智能+品质"的坚定信念，在革新之路上走得坚实而笃定。

摘自：https://mp.weixin.qq.com/s/Bxu7ap_fpcpg0nMJZP9fWw. 2019-04-25.

1-9
让服务拥抱科技，让智能回归品质

👤 **能力训练**

在数字化时代，前厅员工的工作使命和工作内容分别是什么？

1-10
讨论：数字化时代的前厅员工

任务二　遇见：还需要前厅员工吗

法国埃塞克高等商学院（ESSEC）教授彼得·奥康纳（Peter O'Connor）在《2020年酒店业》中讲道："未来旅行者将主要依靠移动设备在酒店入住前、入住期间和入住后与酒店互动。"特别是在快捷酒店，这种操作更适合年轻人，他们是酒店未来的主要客源人群。前台员工的工作内容不再限于人工地为客人办理入住、退房，而是融合了前厅几个岗位的工作内容，转为线上服务、服务之后的宾客管理、后台数据的处理与突发事件的应对等。

自助入住机、智控面板、微信房卡等数字化工具的出现重构了传统的酒店服务场景，这就需要我们重新理解酒店服务，学习新场景下的服务技能，在新的服务场景中快速融入服务氛围，展示更多元的能力。比如，传统的前台员工有可能同时也是一位咖啡师。这就要求我们既要有扎实的对客服务能力，也要学会运用数字化技术，具备数据分析与应用能力等。

👤 **思考与练习**

1.不少酒店尝试通过科技手段提升服务效率，如华住集团为优化入住体验，以智能终端机"华掌柜"为载体，为住客提供"30秒入住、0秒退房"的便捷服务，在假期出现入住高峰时，大大减少了人群的聚集。那么，酒店还需要前厅员工吗？如果

1-11
讨论：还需要前厅员工吗？

15年后，或者当人口出现断崖式下降时，又会如何呢？面对这种情况，我们现在该做些什么？

　　2.作业分享。扫码"前厅部概述"和"前厅岗位的选择及理由"，对于这些观点你认同吗？

1-12
作业分享：前厅
部概述

1-13
作业分享：前厅岗
位的选择及理由

模块二　目标市场、特色与定价

学习目标

知识目标

1.了解并掌握酒店的目标市场和定位,以及酒店的特色。

2.了解学习酒店的定价方法,熟知房价定价的决定因素。

课前小测

前厅部一般由哪几个小部门组成?你会选择去前厅部哪个岗位实习?为什么?

能力目标

1.会用千分之一法计算平均房价,会用随行就市定价法定房价。

2.学会识别挖掘目标市场、定位与特色。

开胃小练

自2018年起,写字等级考试成为上海市义务教育阶段的必考科目。请问这可以成为上海学生的一种特色竞争力吗?

2-1
课前小测

2-2
开胃小练

📍 项目一　目标市场

任务一　什么是目标市场

我们都知道,不同的市场有不同的消费群体。因酒店星级、自身条件、营收与成本等不同,当然,更多是出于竞争与产出效率的考虑,酒店会建立起自己的目标市场,并深耕自己的目标市场以获取利润最大化。那么,什么是目标市场呢?

所谓目标市场,是指企业决定进入并为之提供服务的、具有共同需求或特征的市场,它能为企业带来最佳营销机会与最大经济效益。旅游企业对目标市场的选择,是在旅游市场细分的基础上进行的,甚至可与旅游市场细分同步进行,其关键是对各旅游细分市场的评价与比较,并选定作为旅游营销活动领域的某一或某些细分市场。

这一定义,与营销大师科特勒(Philip Kotler)给出的关于目标市场的定义"The target market is the part of the qualified available market(those with the interest, income, access, and qualifications for a particular offer)that the company decides to pursue"有异曲同工之处。

任务二　酒店目标市场定位举例

 案例1

新冠疫情后酒店目标市场新定位

2021年9月底，同程、艺龙合并重组了业务团队，以更好地抓住短途旅行和本地消费的机遇，并寻求更多的内部协同效应和更高的效率，且致力于探索旅游内容生态体系及度假平台。

摘自：https://mp.weixin.qq.com/s/3Yke9q4TM9e-B9ud5oajUQ. 2021-11-24.

 案例2

微视频和抖音定位年轻人等

我们可以通过网络查询以下几家酒店的资料，观看这些酒店的微视频，并尝试分析这些酒店的目标客源市场定位。

橘子水晶酒店、亚朵酒店、上海W酒店等：针对年轻人。

浙江宾馆：针对会议客人。

杭州中维香溢大酒店：针对国外西班牙客源。

海南各酒店：针对情侣、带孩子的家庭、度假游客等。

泰国东方饭店：针对老客。

👤 **能力训练**

说说杭州这座城市的目标客源市场是哪些。

2-3
讨论：杭州客源
市场

任务三　你的定位

 案例1

杭州的城市定位

"杭州是创新活力之城，电子商务蓬勃发展，在杭州点击鼠标，联通的是整个世界。"2016年9月3日，杭州国际会议中心灯火辉煌、座无虚席，习近平总书记在这里出席二十国集团工商峰会开幕式并发表重要主旨演讲，面对全球工商界领袖精英，如此推介杭州。

正是在这次主旨演讲中，习近平总书记赋予了杭州"历史文化名城、创新活力之城、生态文明之都"的城市定位。这三张"金名片"让杭州由此名动天下、名扬四海。

摘自：https://mp.weixin.qq.com/s/acnb4gZpi_SlfcJUxePECw. 2021–09–04.

大二酒店管理专业一位男生的实习岗位定位，你认同吗

"我会选择行李部。首先，我认为我在身高、长相、行为规范上是适合酒店行李部的工作和发展的。其次，我的工作经验相对较少，行李部的工作更适合我。我在行李部能做更多的事。最后，我希望我能在行李部学习到更多东西，比如与人交际的技巧、处理突发事件的方法以及提前分析客人需求的能力等。我希望能帮到别人。"

——酒店管理专业学生余可威 42111809

城市有定位，酒店有定位，那么你的定位是什么呢？是实习后继续从事酒店业或者服务业，积累经验与阅历往上升？或是专升本，转换了专业再从业？还是早早地结婚服务于家庭等？这些都取决于你会什么、擅长什么，你的优缺点与价值取向是什么，你有哪些资源或者你有什么行动计划。所以，请你好好思考一下：你的定位是什么？你是不是应该从现在起好好谋划、做好定位呢？

♂ 项目二　特色

任务一　什么是特色

特色，是事物所表现的独特的色彩、风格等，是一件事物显著区别于其他事物的风格和形式，是由事物赖以产生和发展的特定的、具体的环境因素决定的，是其所独有的。

任务二　酒店的特色

我们常说，很多度假型酒店都有自己的特色：或依山傍水，如处于森林景区边、悬崖边、海边、湖边、河边等，或有温泉，或建于海底、树上……拥有这样或那样不可复制的资源。那么，城市里的酒店呢？特别是经济型酒店，三、四星级酒店，应该如何具有特色，吸引客人并给客人留下印象呢？在大家都有特色的情况下，又该如何做到人无

我有、人有我优呢？图2-1~图2-6展示的是部分酒店的特色主题客房。

图2-1　某酒店的杭州味客房1

图2-2　某酒店的杭州味客房2

图2-3　"地下城与勇士"主题房

图2-4　"欢乐斗地主"主题房

图2-5　"天天爱消除"主题房

图2-6　"秦时明月世界"主题房

案例1

网络客房，彰显客房特色

　　网上订房的客人多为商务人士与年轻人，上网既是他们的工作，也是他们的生活方式。为吸引这些优质客源，不少酒店为他们量身定做了一批网络客房。比如，水墨风格或法式风格，千元床套、浪凡沐浴备品；又比如，网速特别快，联网智能家居，机器人可送餐到房，配置了不同颜色、款式、品牌的房间用品，可延迟退房到下午2:00等。

　　在北京工作的小苏，通过艺龙平台订下一间"欢乐时光·大床间"。他在酒店专页上留言："欢乐时光·大床间"的大床有2.4米宽，可以横着睡，也可以竖着睡，褥子和被子都是专门定做的，睡上去"狂"舒服；淋浴间也很有特色，莲蓬头直径超过15厘米，热水量大，洗起来很有感觉，名字更是叫人"过耳不忘"——热带雨"淋"。

案例2

顺网科技携手如家打造新型电竞主题酒店

2021年8月12日，顺网科技通过公司官微表示，顺网科技将携手如家开展战略合作，围绕电竞酒店主题将潮流元素、电竞服务及云技术进行深度融合。

👤 能力训练

1.讨论分析（正反方思辨）：是先定好目标市场再赋予特色，还是先根据资源特色再定目标市场？

正方：＿＿＿＿＿＿＿＿＿＿＿＿＿＿＿＿＿＿＿＿＿＿＿＿＿＿＿＿＿＿＿＿＿＿＿＿＿

反方：＿＿＿＿＿＿＿＿＿＿＿＿＿＿＿＿＿＿＿＿＿＿＿＿＿＿＿＿＿＿＿＿＿＿＿＿＿

2.观看教学视频"特色、目标市场定位与定价"，说说开维·三亚海棠湾凯宾斯基酒店的特色有哪些。

3.在线搜索杭州新新饭店、香格里拉饭店、凯宾斯基酒店，说说它们的特色分别是什么。

2-4	2-5	2-6
教学视频：特色、目标市场定位与定价	讨论：开维·三亚海棠湾凯宾斯基酒店的特色	练习：杭城三家酒店的特色

📍 项目三 定价

案例导入

万豪国际集团的酒店定价思路

万豪国际集团在世界各大洲不同国家经营着豪华酒店、优质酒店、高中价酒店、长租酒店、度假型酒店及经济型酒店等不同品牌、不同档次的酒店。在制定集团酒店价格体系时，集团首先根据不同地域的酒店市场价格状况，结合本酒店档次，并以万豪品牌优势为出发点，再按照不同的客源市场及酒店自身商务要求、酒店自身网络、国际互联网系统（GDS）、OTA、旅行社等，具体制定不同季节、不同房型的操作价格。在价格体系的制定中，万豪国际集团把维护和发展自身客户市场、提高客人对万豪的信赖度和归属感作为酒店的生命线。因此客人只需要直接联络万豪，就可以确保及时获得最优惠的房价。例如，登录酒店官方网站进行客房预订，即可得到最低房价。

任务一　影响客房定价的主要因素

影响客房定价的内在因素有：① 酒店的投资成本；② 非营业部门费用分摊，主要指酒店的财务部、人力资源部、工程部、保安部及其他行政管理和后勤保障部门在酒店正常运转中的费用支出；③ 非营利性服务支出，指酒店并不能直接营利的一些服务项目，如楼层卫生、客房设备维修等，以及要为一些特殊客人提供优惠价甚至免费住房所导致的客房服务成本等；④ 酒店的定价目标；⑤ 酒店的等级标准、服务水准；⑥ 客房的位置、朝向、景观、安静程度等。

影响客房定价的外在因素有：① 酒店所在的地区和位置；② 客房供求关系；③ 市场竞争情况；④ 有关部门和组织的价格政策；⑤ 国际国内形势以及汇率变动等。此外，诸如通货膨胀、客人的消费心理、需求弹性、季节变动以及其他自然因素，也都是制定房价时要考虑的客观因素。

总之，制定房价的下限是酒店能保本盈利或亏损最小所能接受的最低价格，其上限是对酒店产品评价最高的消费者愿意接受的最高价格。酒店需要制定出既能使酒店收入最大化，又能最大限度地吸引客人的房价。

任务二　千分之一法和随行就市定价法

房价的确定方法包括以成本为中心的定价法、盈亏平衡定价法（也叫保本点定价法）、成本加成定价法、目标收益定价法、赫伯特公式定价法、客房面积定价法、理解价值定价法、差异定价法、折扣定价法等。因为多数确定房价的方法需要相关数据才能计算或估算出来，这里就不作一一介绍。

酒店管理类专业的学生，在目前能掌握到的数据下，主要需掌握以下两种定价方法：千分之一法和随行就市定价法。

一、千分之一法

理论上最简单的方法就是通过了解酒店当初的投资额（造价）和造好后的房间数，用千分之一法（也叫经验定价法）算出该酒店可能会有的平均房价。如杭州某酒店当初造价是2亿元，房间数为286间，按千分之一法可知投资该酒店时预计的平均房价为699.30元。

$$平均房价（699.30元/间）= \frac{酒店建造总成本（2\times10^8元）}{房间数（286间）} \times \frac{1}{1000}$$

当然这种定价方法只考虑了客房的成本因素，没有考虑客房类型、面积、餐饮、娱乐等其他设施设备投资比例的不同以及供求关系、市场竞争等相关因素，因而缺乏科学性和合理性。但不妨以此大概了解房价是怎样定出来的，再倒推过去可以估算出当初业主所投入的投资额。

二、随行就市定价法

随行就市定价法就是以同一地区、同等档次竞争对手的客房价格作为定价依据，从而确定酒店的客房价格。这是酒店业中一种常见的以竞争为中心的定价方法。一般有两种方式：一是以同等级别酒店的平均价格水平作为定价目标；二是追随"行业中的领导型酒店"（Industry Leader）的价格，做"行业价格追随者"（Industry Follower）。

👤 思考

酒店管理类专业或有志于在酒店工作和发展的读者，一定要关注酒店的房价：不只是理论上的房价，更重要的是能根据酒店实施的房价情况，分析出酒店为什么要采取这个价格。注意：不是要让你罗列影响客房定价的内、外因素，而是要让你根据房价形成的理论知识来学会应用。针对具体某一酒店的情况，分析、判断出这家酒店的房价主要是依据什么因素确定出来的。

👤 能力训练

请找一家你熟悉的或你想了解的酒店，分析这家酒店是依据哪些因素来定价的。

你的答案是 _____

👤 回顾与小测

1.找三家酒店，说出它们的特色分别是什么。

2.如果要在杭州下沙高教园区一所大学旁边开一家酒店，请问该酒店应如何定位、定价？

2-7
小测1：找三家有特色的酒店，说出它们的特色

2-8
小测2：大学校园旁开家酒店该如何定位、定价？

模块三　酒店产品

学习目标

● 知识目标

1.掌握酒店产品的定义，熟悉酒店的主要产品。

2.明确主要的酒店产品是哪些，开拓创新酒店线上线下产品。

● 开胃小练

杭州一家专做小龙虾的社会餐饮店开进了黄龙饭店，你怎么看？

● 能力目标

根据现在和将来社会、科技的发展及客人的需要，预测、创新未来的酒店产品。

3-1
开胃小练

♀ 项目一　酒店产品的定义

我们先来看几个案例，一边看一边思考什么是"酒店产品"。

案例 1

"这一刻"

全球金融危机让美国从华尔街一直冷到各处的商业街，大小零售商店的销售量都在下滑。但个别小店，规模不大，货品也非包罗万象，生意却似乎更好了。

芝加哥的休·奥贝卡就经营着这样一家小店，名叫"这一刻"（The Present Moment），如图3-1所示。"这一刻"开在富裕的芝加哥北部利伯蒂维尔镇一条独特的商业街上，店里主要出售"肯定和激励"对方的礼物，比如赞美家人、朋友的卡片等。

奥贝卡有过在大公司上班的经历，她曾在汽车零部件生产商天纳克公司工作过很长时间。奥贝卡认为，在全国零售业都在忍受经济放缓而带来的负面影响时，自己却"下海"成功，要部分地归功于

图3-1　"这一刻"小店

"非周期性"。在她看来："当生活滋润时，人们会寻求肯定；当日子难熬时，人们会寻求激励。"

像很多商店一样，奥贝卡逐渐把私人关怀融合到生意里，在自己的商店里设置了聚会场地，举办一系列的"交流会"。在她的秋季日程纲要里，最受欢迎的主题包括"微笑瑜珈"和"养成自爱"。

摘自：《都市快报》2008年11月26日第12版。

 课堂练习

　　"这一刻"小店经营的产品是＿＿＿＿＿＿＿＿＿＿＿＿＿＿＿＿＿＿＿＿＿＿

案例 2

酒店会议新产品

　　据了解，杭州开元名都大酒店高218米，是当时杭城的第一高楼。2006年开始，这家酒店从传统的"九九重阳"登高习俗出发，举行一年一届的"九九登楼大赛"：从酒店B1楼（地下1层）开始，向着999级台阶冲刺，登上48楼。

　　自从举办登楼比赛以来，勇登"杭城第一高楼"就成为杭州地区一项挑战自我的运动赛事，一些企业团队跃跃欲试，甚至影响到了上海及周边城市前来开会的会议团队。于是，越来越多的"登楼团"来到开元名都大酒店。据悉，这些登楼团往往以会议团为主，他们在开会的同时，增加登楼项目。

　　登楼项目已成为开元名都大酒店的一大卖点。一些做团建的公司和企业会把活动或会议放到杭州开元名都大酒店，就是缘于该酒店可举办登楼比赛。比赛过程既考验个人能力，更是对人与人之间真情的考验，企业希望借助登楼比赛展现团队协作精神。

 课堂练习

　　开元名都大酒店开发的会议新产品是＿＿＿＿＿＿＿＿＿＿＿＿＿＿＿＿＿＿＿＿

案例 3

回归酒店本质，做有温度、更好玩的产品

　　"酒店向本地生活载体转变是一种趋势。"首旅如家酒店集团总经理孙坚指出，"过去，酒店强调的是住宿价值，当下酒店还需要给消费者提供有趣、有价值的社交体验。"以2020年10月在上海同时开业的三家逸扉酒店为例，它们都将大堂进行了社区化改造。比如上海陆家嘴世博逸扉酒店就在大堂内融入服务吧台、酒吧等，为用户提供充足的社交空间。"市场的机遇还藏在不经意间。"孙坚指出，近年来首旅如家创立的"如咖啡"就是新发现的赛道之一。孙坚介绍，经营酒店与在酒店里经营咖啡厅是两种

不同的逻辑。酒店是到店消费体系，而在酒店咖啡的销售中，堂食与外卖呈1:7的比例，上海热门外卖集中点与酒店黄金选址地段并不重合，这也意味着"酒店即便满房，也不代表咖啡就能卖得好"。

除了试水咖啡赛道，2021年9月16日，"首免全球购"平台是首旅如家在酒店推出的另一个新尝试。该平台作为酒店行业内首创的全球商品数字化贸易的服务平台，致力于为会员提供住宿以外的增值服务。在此前《新京报》的专访中，孙坚指出，首免全球购平台采用"轻"的跨境贸易模式，平台本身不进口产品，专注于为顾客搭建海外购物的虚拟空间并承担所有服务环节。

目前首旅如家拥有1.3亿会员以及近6000家门店，每年能有1.5亿的入住客流，这也解决了电商获客与营销层面的难题。

摘自：https://mp.weixin.qq.com/s/W1hmAd38kxYN0TU_z37e5g. 2021-11-16.

 课堂练习

首旅如家的酒店产品是什么？你有被它吸引并尝试入住吗？

3-2
练习：首旅如家
的酒店新产品

案例4

"酒店+"产品创新，助推酒店创新发展

新冠疫情之下，全民居家，"酒店+社群"是这个时期的主题。2020年2月10日，浙旅蝶来酒店集团要求旗下各酒店以社区生活供应商形式开展生产自救，当天在微信自营平台推出快餐便当、净菜、下午茶点等一系列外卖产品及客房套餐。2月26日，蝶来启动"春雷行动"，推出餐饮套餐、客房产品等57款产品，到3月底销售额近500万元。3月起，疫情防控形势积极向好，蝶来加速回暖步伐，旗下酒店积极策划时令美食、星厨外卖、同城配套、周末周边游等产品。

武义璟园蝶来望境以酒店独一无二的特色优势，利用新媒体手段，紧抓营销契机，合作新渠道，抛砖引玉，引发热点话题，一条抖音短视频吸引了近100万的点赞量，微博话题关注达到9000万，酒店客房销量突破2000套，4—6月的营收超过了上年同期；萧山机场蝶来大酒店也借着这波市场变化，逆风前行，通过模式创新将人房比降到1:0.53。实践证明，小产品可以做成大市场，"酒店+社群"不是临时之策，酒店可以不断将其提炼、提升做成长期产品。

随着疫情防控的常态化，为更好地拓展营销，吸引消费，蝶来酒店集团积极打造"酒店+合作""酒店+产品""酒店+社区""酒店+家庭"产品项目，积极拓展文创产品、草坪活动、旅拍项目、主题文化体验项目、酒店增值服务、平台合作等，展开一系列集团化营销活动。

（1）"酒店+合作"。各酒店挖掘特色，寻找专业合作，拓宽、延伸产品和服务。蝶

来浙江宾馆、蝶来雅谷泉山庄拓展草坪婚礼特色；蝶来浙江宾馆完善龙井茶文化"蓝馆"项目，在宾馆后山开辟有机茶园并开设空间文创馆，开展品茶会、休闲活动、茶文化交流和学术交流活动，赋予客人以更新的茶文化体验；蝶来望湖宾馆充分发挥露台优势，合作推出瑜伽+下午茶、西湖徒步游+自助餐等产品；蝶来雅谷泉山庄与第三方合作，将酒店平台化，资源共享，在客房及公区展示第三方产品并进行销售，实现新的盈利增长点；千岛湖温馨岛蝶来酒店突出酒店+内容，引进更多符合度假主题的合作项目、文创商品、共享娱乐游戏、户外拓展、景点合作等项目，尝试自有商品和千岛湖本地特色商品销售，延伸酒店价值。

（2）"酒店+产品"。浙旅蝶来酒店集团及旗下酒店共同推出文创产品开发，目前已和中国茶叶研究所共同研发龙井冷泡茶，推出联名款，积极促进第三方产品的联名款开发及产品换购模式。

（3）"酒店+社区"。充分发挥社群效应，推广酒店产品。推出放心菜家庭宅配计划，提供基地直采蔬菜，冷链配送至社区家庭；计划联合知名地产开发商，利用开发商的业主服务平台（如龙湖U享家、绿城业主服务平台等），将酒店产品植入高端业主服务平台，满足人们的生活需求。

（4）"酒店+家庭"。针对家庭需求开发蝶来美月卡和蝶来美季卡两款礼卡，寻求产品新模式。美月卡一年配送12次，每月一次，产品包括酒店产品及基地原采产品等；美季卡一年配送4次，春节、端午节、中秋节、重阳节，产品包括新春礼包、端午礼包、中秋月饼礼盒等。

危机是考验酒店人能力的机会，跳出常规不走寻常路，才能赢得先机、抢得商机。"酒店+"产品创新是蝶来在市场低谷期快速回暖的有效手段之一，也将成为蝶来在创新发展道路上不断精耕细作、持续为酒店赋能的核心竞争力。

摘自：https://mp.weixin.qq.com/s/79FpdB4QokXWH1L4q_1-QQ. 2020-07-31.

 课堂练习

新冠疫情防控期间，浙旅蝶来酒店集团下属各酒店积极应对，积极探索产品创新，其"酒店+"产品有哪些？

3-3
练习：蝶来酒店
"酒店+"产品

案例 **5**

"安心住"面临挑战

如今客人外出对于住宿的安全、健康愈加重视，对于酒店的卫生细节也有了更高的要求。做好新冠疫情防控保障工作依然是酒店关注的焦点。多家酒店集团在酒店清洁、消毒方面制定了更严苛的标准，推出无忧客房、企业居家隔离房、安心房、零接触服务以及放心酒店等特殊产品及服务。华住集团旗下的全季酒店采用了全新升级的"安心360"消杀体系和防疫标准，主要从"防疫安全"和"住客体验"两个方面入手。全季酒店严格执行36道客房消杀步骤和6道专项消毒措施，从公区到房间75个点位进行彻底消毒。全季酒店全天候实时动态监测员工的健康状态，严密监控和追踪员工的行动路径，力求让客人安心入住。"安心酒店"成为消费者选择的新常态。

用什么样的产品与服务形态来满足客人更高的需求，是现阶段酒店行业面临的新课题。从目前整个行业的情况来看，有些酒店集团和品牌的"安心住"或还停留在概念层面、狭义领域，或只是营销噱头，距离真正落地形成产品并做到常态化服务，还有很长的一段路。

打造"安心住"产品需重视以下三个关键点。

第一，酒店既要关注物，也要关注人。酒店应在卫生要求较高的区域和部位配置消毒清洁物资。比如，在前厅接待台配备房卡消毒机，实施"一客一卡一消毒"；在客房方面，服务人员对客人高频接触的物品，如遥控器、杯具、毛巾和恭桶坐垫等加强消毒并放置已消毒的温馨提示标志；在客房内配备消毒剂，不放心的客人可以自助对设备进行消毒。此外，还可以在客房楼层设置消毒柜，集中对杯具等客用品进行消毒并展示；选配除螨仪，服务人员定期对床垫进行除螨消毒；在餐厅配置不同尺寸、颜色和标志的公筷、公勺来搭配不同的用餐环境和场景，推广分餐服务，倡导文明用餐，倡导厉行节约。

第二，酒店既要打造"安心住"，也要塑造"安心酒店"。客户体验是全场景和多区域的，凡是客人看到、听到、闻到、触摸到和吃到的必须是安全和令人愉悦的，客人使用的物品、获得的服务必须是安全且快速便捷的，这些要素综合起来就会使客人对酒店感觉到安心。打造"安心住"，就要打造包括安心公共区域、安心会议、安心餐饮（原材料、公筷公勺、分餐服务、明厨亮灶等）乃至全业务生态的"安心酒店"。

第三，酒店既要有方便操作、科学合理的SOP操作流程，更要有检查标准。酒店卫生工作很重要，客人能直接感知和体验到其卫生工作是否干净、整洁、到位。因此需要制定卫生工作的量化指标并优化考核指标，将抽象的工作具象化、数据化。比如，用入室温度、湿度和pH值等考核工程部；用抽检床上用品细菌含量、杯具大肠杆菌含量等考核服务人员的清洁工作质量等。酒店的内部管理标准必须随着客人的需求不断升级，而不是仅仅将操作和检查标准停留在诸如有无垃圾纸屑和灰尘等初级的视觉感官层面。

摘自：https://mp.weixin.qq.com/s/VVB_fDJIrK67ZG_Nl0hnig. 2020-11-07.

📖 课堂练习

扫码做题：从这篇文章中你获得了哪些信息？请一一列举。对酒店和你的启示是什么？

3-4
练习："安心
住"对酒店和你
的启示

理论知识

　　酒店产品有很多，如客房、餐饮、会议、休闲、娱乐、接送等服务项目，以及各项目的服务等，都是酒店向公众提供的产品。

　　梅德里克（S. Medlik）提出：酒店产品是由地理位置、设施设备、服务、形象与价格组成的，每一部分都可能带给顾客不同的感受和利益。酒店产品是酒店为了满足顾客住宿、餐饮和娱乐等需求而借助酒店各种设施设备和环境条件向顾客提供的物质产品和服务产品的总和。基础服务是客人需求的基本点，如睡个好觉、洗个好澡、吃到有品质保障的餐点等，同时酒店应注意提供增值服务，给客人想要的服务，如提供免费早餐、延迟退房两小时、免费升级房型等服务。

　　从顾客的角度讲，酒店产品是一段住宿经历。顾客的这段住宿经历是个组合产品，它通常由三部分构成：物质产品、感觉上的享受、心理上的享受。

　　从酒店的角度讲，酒店产品是酒店有形设施和无形服务的综合。

　　从市场的角度来看，酒店产品的概念所包含的内容更为广泛，广义的酒店产品是向市场提供能满足人们某种需求的物质产品和非物质产品形态的服务。

　　因此，客人购买的酒店产品，应该是包含了公平（标准）、氛围、社交、被注意、受尊重、微笑、愉悦等既有物质的、精神的也有社会的、文化的等尽可能多的享受和体验。

♀ 项目二　酒店主要产品介绍

　　阅读下面的案例，同时思考"酒店产品"与你的理解有何不同。

案例 1

凯悦婚典　引领时尚

　　每年春暖花开的时节，就是杭州凯悦酒店举办凯悦婚典（Weddings by Hyatt）的时候，这几乎成了业内众所周知的习俗。而同样，每年位于香港、上海、东京、首尔、台北等城市的凯悦酒店也会通过各种形式的婚典（见图3-2），带来这一年的婚礼新体验。

图3-2 凯悦婚典现场

据杭州凯悦酒店有关负责人介绍，杭州凯悦酒店因为与西湖近在咫尺的地理位置在杭州酒店中首屈一指，硬件设施既有能同时满足70桌喜宴的大宴会厅，又有可举办12桌以下个性婚宴的小宴会厅，所以，一年中大部分为黄道吉日的双休日都已被预订满了。杭州凯悦推出了与时尚流行同步的婚宴布置。当推杯换盏、菜过五味之后，通常酒店奉上的是一碟碟水果和甜品，而摆在这里的喜宴，在临近结束之际，宴会厅边的幕布会徐徐拉开，由干冰机制造出的如仙境般的雾气在大厅里飘散。在这样的云雾缭绕间，一字排开的各式各样的甜品和水果以自助形式出现。这样的甜品秀受到了众多年轻人的喜爱。

到星级酒店大堂吧去喝下午茶

星级酒店大堂吧的下午茶价格虽然比社会餐饮贵，但品质和味道还是值得去尝试的。每家星级酒店的大堂吧都有属于自己的特色和招牌（见图3-3）。比如，想要和朋友喝杯好茶、随意聊聊天的，就去凯悦，他家的大堂吧每季度都会推出特选茶类，入冬时推出的保健茶种类有滋补人参茶、菊花陈皮茶、麦香普洱茶等；想要喝点有杭州特色的茶饮，那就点杯花果茶，再搭配杭州本地的点心，如龙井茶酥、雪媚娘，味道肯定不赖；想要喝正宗的英式红茶，那么就去世贸君澜，他家的英国红茶卖得很好。

至于想要喝咖啡的，那就去索菲特西湖，他家的Segafrido咖啡值得一尝。

图3-3　某酒店大堂吧一角

下午茶，除了喝茶，点心也是重要的组成部分。雷迪森的下午茶正是因为出色的甜点而颇受食客欢迎。同样，世贸君澜的柠檬芝士、提拉米苏，索菲特西湖的法式巧克力曲奇，都是下午茶点心里的"爆款"。另外，同一般的咖啡厅或茶馆相比，酒店里的大堂吧还有一个得天独厚的条件——现场乐队或是钢琴演奏。譬如，杭州凯悦酒店的钢琴演奏是在周末下午；世贸君澜走的是古典路线，每天下午都有古筝演奏。

星级酒店的下午茶以往以服务住店客人、商务客人为主，现在因为品质、味道、专业、独一无二等特点被越来越多的当地市民所接受。以下这些著名的酒店下午茶你不可不知。

香港·半岛酒店：每天排长队

这里的下午茶每天下午2点开始，1点半左右即有客人排队等候。酒店没有预约制度，客人必须亲自排队入座。其中最出名的就是传统英式下午茶套餐，点心是用三层碟子盛装的，第一层放三明治，第二层放传统英式点心Scone，第三层则放蛋糕及水果塔，客人可选择由下往上吃。

伦敦·丽兹（Ritz）酒店：黛安娜王妃生前经常光顾

在伦敦，传统的贵族下午茶以丽兹（Ritz）酒店的棕榈阁最负盛名，黛安娜王妃生前就经常光顾。去那里喝下午茶，不仅要事先预订座位，而且男士必须打领带才能入内。据说，酒店生意最好的时候，需要提前两个星期才能订到。

哥伦比亚·女皇酒店：这里的混合茶独一无二

女皇酒店（Empress Hotel）位于加拿大哥伦比亚省省会维多利亚市，他家的下午茶始于1908年。酒店泡茶的茶叶，是由大都会茶厂专为女皇酒店特制的，号称是世界上最好的混合茶之一，且独一无二。

摘自：《都市快报》2008年11月27日第59版。

案例 3

桂花茶，桂花宴，赏桂成酒店揽客新招

到了金桂飘香的时节，杭州海华满陇度假酒店就生意兴隆起来，外地客人、本地客人都抢着要酒店内桂花树下的"宝座"。这一切都是因为酒店内的桂花。

在海华满陇度假酒店内，大多数桂花树都已含苞欲放，几棵银桂早已抢了先机，怒放开来。酒店范围内有上百株桂花树，一直可以开到11月。

很多酒店到了桂花飘香时必然做起桂花文章。比如，有的酒店推出桂花节，烹饪出桂花盈袖宴、袭人宴和满园宴，还会提供桂花板栗糕、桂花香妃鸡和桂花藕粉等；有的酒店推出露天餐厅烧烤、免费露天电影等，客人点上一杯茶就可以坐上大半天；有的酒店则推出桂花树下品茗等各种闻香进酒店消费的产品，吸引更多新老客人。

 案例 4

酒店还有纯素的？

目前世界上已经有全球素食酒店预订网Veggie-Hotels，对纯素酒店的定义、标准进行了规范，且有500多家酒店加盟。纯素酒店是指不仅餐食中绝对不含肉、蛋、奶以及蜂蜜等动物成分，不使用羽绒床品，没有真皮沙发、椅子，配备的用品也全部不含动物成分的酒店。除了遵守上述标准，佛山东方誉采酒店还结合了东方人的修行需要，饮食中不含五辛，禁烟酒行为，无桑拿、洗浴等娱乐，工作人员真诚友好的服务态度，让身处于此处的人的内心也变得宁静安详。

该酒店客房环境宽敞、明亮、整洁（见图3-4），没有一丝烟酒异味。桌上摆放着三本书——王阳明的《传习录》、姜淑惠的《这样吃最健康》和传统文化经典《弟子规》。床头柜上摆有一张贴心的"枕头密语"：为了让您的睡眠更安逸，我们特备不同种类的专业枕头，磁疗安神荞麦枕、乳胶枕、竹炭枕、决明子枕，如有需要，请与服务中心联系。

图3-4　佛山东方誉采酒店客房

摘自：https://www.sohu.com/a/245169855_260483. 2018-08-04.

土耳其纯素酒店与"拒绝将就"的希尔顿纯素套房

土耳其纯素酒店The Vegan Lodge于2019年3月正式开张，酒店坐落在常年游客络绎不绝的旅游胜地安塔利亚（Antalya）的奥林匹斯山（Olympos）。酒店规模不大，共设有34个尺寸各异的房间，既有五脏俱全的经济小标间、可爱又不失浪漫氛围的双人花园房，也有温馨的多人家庭房。任何你在酒店里可能触及的物品，小到纸巾、毛巾、针线包、洗浴用品，大到地毯、床上用品都是纯素的。不仅如此，酒店的热水、地暖、空调都来自最清洁的太阳能源，餐饮的蔬菜、水果都产自最有机可靠的自家前院。

The Vegan Lodge的特色还包括两个规模可观的泳池、一个设备齐全的健身房和一间静谧宽敞的瑜伽房，酒店亦提供休闲实用的烹饪课堂和健身指导，贴心地满足房客们可能会有的需求。

无独有偶，伦敦希尔顿酒店也向大众拉开了纯素豪华套间的房门。在过去几年中，伦敦希尔顿河畔酒店的负责人们煞费苦心地采访了各类素食人群，深度探索研究各类材料，致力于为纯素房客们提供最温馨无虑的休息环境。

图3-5　前台办理纯素套间的入住

首先，根据预订，所有纯素套间的客人们将被分别带到前台办理入住。在这个小而精致的柜台前，客人们将不再需要委屈为难地与真皮沙发做斗争，而可以尽情享受着来自菠萝果皮的柔软（见图3-5）。当入住手续完成后，柜台服务人员会递给客人一枚印有"Vegan Suite"（纯素套间）的特殊房卡，而酒店服务人员也将由此确认不向其提供任何非纯素的食物及用品。

伦敦希尔顿河畔酒店保证：客人在房间里可以完全践行其惯常的纯素生活方式。任何指尖有可能碰到的东西，包括有机棉制的毛巾和由可持续栽培所得的卫生纸巾，还有代替鹅/鸭绒软枕的荞麦枕头，所有的床垫、床单都用对生态环境友好的洗涤剂清洗。素食客人们将凭房卡进入没有皮沙发、没有丝绸垫的素食用餐区。

摘自：https://mp.weixin.qq.com/s/7b5vOipIAlV−vKCJPKd1yg. 2019−02−02.

👤 课堂练习

以上案例中，酒店提供的产品是 ＿＿＿＿＿＿＿＿＿＿＿＿＿＿＿＿＿＿＿＿＿＿＿＿＿＿

理论知识

毫无疑问，客房是酒店的主要产品，通常客房收入能达到酒店总收入的50%~60%，甚至70%~80%。

除客房产品外，宴会（包括婚宴）以及会议餐、西餐、中餐、大堂吧、点心等餐饮类产品，是多数星级酒店的第二大主要产品。

随着客人对身体健康、放松心情、休闲度假等的重视和需要不断提升，酒店的娱乐、健身、保健、休闲等康乐产品越来越受到住店客人的欢迎，成为酒店的第三大产品。

不管是星级酒店，还是经济型酒店，它们都力争提供一个安全、清洁、舒适、方便、性价比较高的能满足客人吃、住、行、游、购、娱、信息等各类需要的综合性产品（或服务）或个性化产品（或服务）。一般来说，经济型酒店以客房和中低档餐饮为主要产品，星级酒店则在提供这两种产品以外，增加娱乐、健身以及高档次的餐饮产品等。同时，各酒店充分利用自身资源和优势，在西餐、西点、下午茶、宴会、会议、婚宴产品等方面做大做强，并积极开发节日产品，如一年一度的中秋节套餐、圣诞大餐、情人节套餐等，如图3-6~图3-12所示。

图3-6　杭州钱江新城万怡酒店西餐厅摆台　　　图3-7　酒店月饼促销

图3-8　婚宴布置

图3-9　婚宴餐厅

图3-10 下午茶及各式点心

图3-11 圣诞产品及宣传单

图3-12 前台可见的酒店产品

⚲ 项目三　前厅员工熟悉酒店产品的重要性

　　熟悉产品、熟悉业务是做好任何一项工作的前提条件和关键所在，酒店前厅服务也不例外。无论是行李员引领客人进房，还是前台员工向客人介绍、销售客房，为客人安排房间，解决客人的问询或者投诉，为客人提供快捷而准确的服务，都需要员工熟悉酒店各种产品，否则服务质量是无从谈起的。

作为一名酒店管理类专业学生，要做好酒店的服务和基本的管理工作，也离不开对产品和业务的把握，离不开对专业的了解、认识和研究。通过这一模块的学习，希望我们专业的学生能具备熟悉酒店产品的意识，知道该怎么做。

⚲ 项目四　酒店未来产品

 案例 **1**

酒店通风设备个性化

国际上有些酒店的通风设备极好，而且极具个性化——通风设备有三个按钮：一个是海滩的气味，一个是森林的气味，一个是草原的气味。你按哪个钮，就给什么样的风，让你切实感受到自己身处海滩、森林或草原。

 案例 **2**

更注重舒服的床上感觉和客房内的可娱乐性

国外酒店在产品开发上越来越注重客人对床上的感觉和在客房内的可娱乐性。如开发出电子控制的床垫，可使不同的客人都能得到最舒服的床上感觉；在客房内设置虚拟娱乐中心，客人可在房间内参加高尔夫球、篮球等任何自己喜爱的娱乐活动和运动等。

 案例 **3**

顶级的汽车旅馆

台湾高雄有一家顶级的汽车旅馆，名字有点怪，叫"华纳不只是Motel"。本来，汽车旅馆是最简易旅馆的代表，而在这间Motel（意为汽车旅馆）里，却有着很多的意外，如图3-13所示。它的房间是分等级的：炫、雅、藏。或者也可以用颜色来区分它们，因为每一个房间都充满梦幻。比如，绿色的房间，就像是置身于森林，印着树叶的天花板和墙壁，木纹的家具则搭配着斑马图案的床品；蓝色的房间，主题是大

图3-13　充满梦幻的Motel房间

海，床垫很孤独地放在圆形大床上，就像是漂在海上的一叶孤舟，抬头看到的是"游着"的鲨鱼。该旅馆一共有48种房型，演绎了48个不同的梦幻空间。

理论知识

随着社会的进步和人们需求的不断变化，酒店产品也一直在变化中前进。

这种变化的动力，始终来源于客户的需求。无论是家庭旅馆、青年旅舍、经济型酒店、豪华型酒店，或是度假型酒店、会所或各类主题酒店、精致酒店、电竞酒店、轻居酒店，经营者们更愿意用差异性的产品或特色服务来吸引、打动消费者，满足国内外各层次、各种潜在客源的多元化的个性需要。

随着社会、经济、科技的发展，人们的消费习惯、理念也在不断变化发展，出现了对精神领域等更高层面的追求。因此酒店也必将在网络、新技术、引领健康等方面开发出更多满足、迎合客户需要的酒店产品，开发出更多针对其客户定位的产品和服务。

据《中国旅游报》报道，未来家庭旅游的增长，将提高客房的入住率和延长客房清洁时间；商务旅行者仍是未来酒店的主要收入来源，电脑工程师将在客房服务中出现；中老年旅行者的数量将不断增加，酒店服务员需要掌握急救以及护理知识；有关残疾人设备设施的不断完善，将使残疾人走出家门加入旅行者的行列，相应的酒店应更加完善面向残疾人的服务内容。

在智能数字化时代，智能数字产品、移动端主导的产品使消费者入住酒店更方便快捷，有更多的选择。而新冠疫情防控要求更迫使酒店为了生存对住店客人、本地客源、省（区、市）内客源推出更多吸引眼球、使客人受益的新产品与新服务。

我们相信，未来的酒店产品必将在网络、新技术、引领健康、愉悦心情等方面有更大的发展。

能力训练

1. 以4~6人为一组，讨论除了以上所介绍的酒店产品外，你觉得酒店还可以开发哪些产品？

提示：可根据一年四季气候变化，不同的客户群如老年人、女人、驾车族、外国人等等，来开拓思路。

2. 目前，大部分人的生活都离不开手机，请分析讨论因为手机（包括其上下链）衍生了哪些新产品，扩充或增加了哪些新岗位。

3-5
讨论：手机衍生的
新产品、新岗位

3. 扫码阅读几位酒店管理专业学生关于酒店未来产品的作业，你认同吗？说说你的看法，或你认为的酒店未来产品是 _____

3-6
学生作品：三个酒
店未来产品

3-7
学生作品：酒店未
来产品及方向

👤 **思考与练习**

1. 阅读山西大酒店概况，说出酒店的常规产品有哪些。请上网搜索山西大酒店近况，你为其调整、增设的新产品是什么？为什么？

山西大酒店是山西省首家四星级豪华型涉外饭店，地处太原市迎泽大街和新建南路交会处，交通方便，地理位置优越。飞机场有专车接预订客人。酒店设有客房166套，其中有豪华四套间、豪华双套间、商务标间、普通标准间，配有先进的电话通信设备和程控交换系统、科学高效的语音信箱系统和中央空调，并提供免费宽带上网服务。商务楼层豪华、方便、舒适，与其配套的有：全天24小时服务的中西餐厅、大堂酒吧、欧美风格的中世纪酒吧，高雅温馨、设备先进的商务中心可为您提供复印、传真、电传、打字及文秘业务。中西餐厅和卡拉OK包间是您享受世界名吃、国内佳肴和感受浪漫情怀的好去处，而具有多功能的锦绣厅和翠岩厅是您举办宴会及大型自助餐会的理想场所。酒店内还有迪斯科舞厅、乒乓球俱乐部、标准英式台球室，丰富多彩的娱乐设施为您的旅居生活增添情趣。室内游泳池、健身房、按摩室、桑拿浴室、美容室将使您拥有健康的体魄和青春焕发的容颜。购物中心为您提供日用百货、工艺品、丝织品、食品烟酒等。

3-8
练习：为山西大酒店增设调整酒店新产品

2. 阅读以下专业文章，谈谈你的感受或看法。

文章1：

浅谈酒店整体产品观念及新产品的开发

整体产品观念由美国哈佛大学教授西奥多·莱维特率先提出。我们若把这一观念应用于酒店业，一项完整的酒店产品则应由基本产品、期望产品、延伸产品和潜在产品四个层面构成。

基本产品是指消费者购买一种产品时所获得的基本利益。例如，客人在一家宾馆下榻，客房可以让其在晚间得到休息，餐厅则可让其免受饥渴之苦。期望产品是指消费者在购买某一产品时自然而然地随之产生的种种期望。期望产品的延伸和进一步完善，能够使一个产品具有区别于同类产品的特色。例如，酒店的商务中心、健身及娱乐设施以及客房服务等均属此范围。延伸产品是指顾客购买基本产品和期望产品时，附带获得的各种利益的总和。潜在产品是为了满足个别客人的特殊需求而提供的特殊的、临时的服务。它通常是超越了客人的期望和预料而额外提供的服务。一般说来，酒店即使不提供潜在产品，客人也没有理由抱怨或投诉。

酒店产品的上述四个层面既相互独立、各具特点，又紧密相连，共同构成整体产品的全部内容。在这四个层面上，确保基本产品和期望产品的质量，是使客人满意的前提条件；延伸产品和潜在产品是产品灵活性的具体表现，同时也是该产品在现有价值之外的附加价值。整体产品层面的全部意义，在于提供一个具有质量保证和一定灵活性并且有竞争优势的产品。

酒店整体产品观念告诉我们：

第一，产品的竞争始于基本产品，更确切地说，始于核心产品的质量。

第二，满足或超越满足客人的期望，是酒店经营成功之道。如果一家酒店不能提供客人期望获得的产品，客人便可能产生不满甚至投诉。

第三，在竞争激烈的市场经济条件下，竞争即是力求产品差异化。

第四，一家成功的酒店常以提供潜在产品为其特征，换言之，能为客人提供潜在产品，是酒店经营出色的标志。

第五，灵活性来自敬业乐业的酒店管理人员和所有工作人员，来自持续进行、卓有成效的培训，来自适当授权，即让一线工作人员直接处理日常工作中遇到的麻烦与问题。

如前所述，酒店产品的第一特征是有形设施和无形服务结合，而不断创新、不断改进、不断完善，是酒店有形产品和无形服务升级换代、创造竞争优势和使顾客满意的保证。在设计和开发酒店新产品时，必须遵循以下几项基本原则，这样产品才能具有持久的生命力，不致出现"早衰"：

（1）独特性。求新是人们普遍具有的一种心理。从事酒店新产品设计和开发的人员必须注意和利用这种求新心理。这样，新产品才可能因其"新奇""独特"而对客人具有吸引力。

（2）针对性。这是设计和开发新产品的原则中最重要的一条。所谓针对性，就是新产品的设计和开发必须在调查研究的基础上，首先考虑客人需求亦即市场需求。这种需求可以不是现实的，只是潜在的，但它必须是真实的，在许多时候是可以量化的。

（3）合理的经济效益。为了保证新产品给酒店创造利润，进行可行性研究很有必要。大的项目应该进行可行性研究；小的项目也不要把可行性研究看作可有可无。讲究经济效益，要处理好近期效益与远期效益的关系，同时意味着不要想一口吃成一个胖子。

（4）适合中国的特点。

（5）不断完善充实。一项新产品在推出之初可能受到客人的欢迎，从而给酒店带来良好的经济效益，但我们不能因此而自满自足，相反，应该不断改进、不断完善、不断创新，这样才能吸引越来越多的客人、创造出越来越好的经济效益。

摘自：https://www.docin.com/p-1418131021.html. 2016-01-07.

3-9
练习：文章1给你
的信息与启示

3.阅读下列文章：

文章2：酒店到底卖的是什么？

摘自：https://mp.weixin.qq.com/s/1EK6Y1d_S52nhYWO7EmGmQ. 2017-06-02.

文章3：2017年旅游产品创新大赛入围名单

摘自：https://mp.weixin.qq.com/s/jxAp1k2mbPcTtNhykcyLLQ. 2017-08-25.

文章4：互联网时代的旅游产品新标准

摘自：https://mp.weixin.qq.com/s/6xYi---V_nqRqT4A3kJKfA. 2016-08-16.

完成上述阅读，并回答文章2、文章3、文章4带给你的信息与启示分别是什么。

3-10
文章2：酒店到底
卖的是什么？

3-11
文章3：2017年旅游产品
创新大赛入围名单

3-12
文章4：互联网时代的
旅游产品新标准

3-13
练习：文章2~文章4
带给你的信息与启示

学习目标

知识目标

1.熟知酒店客房常用房型和房内内容。

2.掌握有几种房态和实时核对房态的重要性。

3.掌握酒店常用房价类型，了解房价体系及其与OTA的关系。

课前小测

从不同角度、方向说出某家酒店的产品可以有哪些。

能力目标

1.会计算房费。

2.会计算客房营业报表。

开胃小练

若在校园里看到一位大伯操纵着扫地机在扫地，你能想到哪些？

4-1
课前小测

4-2
开胃小练

项目一　房型

任务一　客房常用房型

酒店客房的类型，按房间内有几张床可分为以下几种类型。

单人房（Single Room）：内有一张2米×1.5米或2米×1.2米的床（见图4-1），以及其他相应设施。

双人房（Twin or Standard Room）：也叫标准间，内有两张2米×1.5米或2米×1.2米的床（见图4-2），以及其他相应设施。

大床房（Kingsize Bed Room）：内有一张2米×2米的大床，可睡一人或两人，或两人带个小孩（见图4-3），以及其他相应设施。

三人间（Triple Room）：也叫家庭房①，房内有三张2米×1.5米或2米×1.2米的床，以及其他相应设施。目前，星级酒店内该类房型较少，多在度假型酒店和电竞房（见图4-4）中设置。

---

① 家庭房（Family Flat），有双床，也有三床。

图4-1　单人间　　　　　　　图4-2　双人间（标准间）　　　　　图4-3　大床房

图4-4　电竞房

有些中低档酒店或青年旅舍会有按照床位收费的多人间。

客房类型按房间等级分为：

单人间、标准间、豪华房（Deluxe Room）：均是一间房带一间卫生间，只是豪华房的面积比标准间要大一些。

套房：指两间房加一间卫生间的房型。可分为普通套房、豪华套房、总统套房等。总统套房有多个房间，包含多个客房、多个卫生间以及厨房、会议室、健身房等多种功能的房间，面积更大，设施更豪华。

客房类型按房间位置分为：

内景房：房间相对较暗，看到的可能是酒店的锅炉房等，一般价格较为便宜。

外景房：视野相对开阔，可以是面对西湖、千岛湖等稀缺景观的湖景房，或是面对钱塘江、富春江、楠溪江等的江景房；以及海景房、山景房、园景房、城市街景房等。该类房价格较内景房要高。

边角房：位于酒店客房楼层边角位置的房间。

此外，常见的房型还有连通房（Connecting Room，可以不经走廊在两室之间自由往来的房型）、相邻房（两间靠在一起，互不相通的房间）、相连房等。

当然还有每一栋别墅就是一种户型的酒店，每种房型或户型都带有其相互呼应的美妙的名称或寓意。比如，厦门如是禅文化精品酒店是中国第一家禅文化主题酒店。该酒店设有套房、方圆房、静心房、家居房、标准大床房和小雅房六种不同房型的客房，反映了酒店的特色。

任务二　客房内容

海南亚龙湾天域度假酒店二区新增的客房如图4-5和表4-1所示。

图4-5　亚龙湾天域度假酒店二区房型

表4-1　亚龙湾天域度假酒店二区新增客房

二区客房房型	二区新增客房特点		新增客房设施
豪华山景房	客房面积56平方米，均带有阳台，配有全柚木地板及时尚家私、开放式的独立衣帽间、人性化可调节的灯光，洗手间配有双洗手盆，冲淋浴与浴缸分离		• 17寸纯平显示器多媒体电脑，可免费无限时宽带上网 • 特大号保险箱 • 现代时尚家私 • 冰箱 • 迷你吧 • 吊扇 • 吹风机 • 体重秤 • 舒适的阅读灯 • 中外卫星电视，共29个频道 • 收费电视
二区高级海景房		
二区豪华海景房		
超级海景房		
雅致高级海景套房	88平方米	1间客房及1间卧室，配有开放式独立衣帽间及人性化可调节灯光，配有开放式厨房、微波炉、洗衣机、吧台，洗手间配有双洗手盆，冲淋浴与浴缸分离	
雅致豪华海景套房	88平方米		
豪华山景套房	110平方米		
二区豪华海景套房	116平方米		
超级海景套房	116平方米		
Jacuzzi花园房	56平方米以上	分为单间及套房，位于酒店一层，客房内除了配备齐全的设备外，大阳台上还配有1个水疗按摩浴缸	

摘自：https://www.agoda.cn/zh-cn/horizon-resort-spa-yalong-bay/hotel/sanya-cn.html?cid=-38.

👤 **思考**

从表4-1中可以看出客房包含的内容有 _____

_____

在智能化、数字化的今天，客房增加、调整了哪些内容？ _____

_____

理论知识

　　客房是酒店为客人准备的用于休息或娱乐的场所。通常星级酒店设有普通楼层、高级楼层，分为单人间、标准间、豪华间等。客房设有免费宽频上网、VOD视频点播系统，部分客房还设有桑拿房、按摩浴缸等豪华设施，并配备一系列的服务项目。

　　从图4-6~图4-9可知，客房一般包括以下方面的内容。

图4-6　房内工作和休憩处　　　　图4-7　移门式大衣柜

图4-8　房内保险箱　　　　图4-9　房门后逃生图和猫眼

◎ 空间大小
包括面积大小、采光、层高、房间的朝向等。

◎ 内部设施和配备物品
包括床、衣柜、桌椅、茶几等家具；冰箱、热水壶、空调、电视、灯、电扇等电器设备；洗浴设备及用品；通信、照明、通风设备；布艺品，如床上用品、窗帘、毛巾等；房间内艺术品；卫生设备。

◎ 安全设施设备
如房门锁、房内保险箱、自动灭火喷淋器、逃生图以及逃生路线指示牌等。

◎ **整体布局**

如整体色调、布置，所使用物品的材质，装潢设计等。

◎ **室外景观环境**

如是否面向景观，是山景还是湖景，是街景还是酒店内景等。

◎ **位置**

如距离酒店大门或距离餐厅的远近，距离走廊或员工电梯的远近，进出是否便利，是否靠近噪声源等。

◎ **其他**

如是不是连通房、残疾人房，周围是否安静，隔音效果好坏等。

能力训练

扫码做题：电竞房有哪些房型？要具备的基本条件是什么？

4-3
讨论：电竞房

项目二　房价

任务一　常用房价

案例1

酒店房价五花八门　订房其实很有窍门

网络价并非最便宜，有人专用公司协议

丽水一家四星级酒店在某订房网上的房价是308元，张小姐直接到酒店总台砍价，房价还优惠了30元。但很快，张小姐发现这个价格还不是最低的。如果报上与这家酒店签订公司协议价的单位名称，房价只要240元。

一直以来，无论出公差，还是个人出游，张小姐都是通过网络订房。随着出游经验的增加，张小姐发现了其中的"奥妙"——以协议单位客人身份，可以享受酒店的低价服务。

目前，住宿同一家酒店，不同的客人往往会有不同的价格——挂牌价、门市价、前台价、协议价，令人眼花缭乱。利用酒店的内部协议价开始成为部分游客节省住宿费的一大技巧。

如今，在网上，有好多披露各地酒店协议价格的帖子。不仅有杭州几十家酒店的协议单位和协议价格，也有浙江省内宾馆的协议价，还有一些大企业在全国主要城市的协议价。张小姐说，她"掌握"了和一些常住酒店有挂钩关系的几家单位，预订时只要报出协议单位的名称，就能以该协议单位的名义"低价入住"。

所谓公司协议价，就是酒店和公司签订一份协议，公司承诺每年使用酒店一定数量的客房，像商品有批发和零售一样，酒店当然要给大客户以尽可能的优惠。

杭州一家酒店负责人说，一般而言，酒店的协议价格比散客价要低100多元。即便是协议价，也有高低之分。因为酒店会根据公司上一年入住的客房数量多少，给出不同的协议价。这位负责人表示，他曾经做过试验，以杭州一家知名企业的名义去订房，结果三星级及以下的酒店对协议价的审查很宽松，不用出具单位证明就能以协议价开房。而一些高星级酒店管理比较严格，要求有协议公司的传真，或客人入住时出示名片或工作证件，以核实身份。

摘自：张春霞，《都市快报》2007年5月18日第35版。

"高标低售"成酒店业"潜规则"？

消费者对总台标高房价视而不见，专家称此举情有可原并非毫无意义

住星级酒店的消费者似乎早就对酒店大堂内标得很高的房价视而不见了，他们通常是直接到前台咨询房价。"看了也没用，酒店一般都不会按门市价来卖的。"经常出差的杨先生老道地说。杨先生的这一说法得到了业内人士的认同。

长期以来，星级酒店房价"高标低卖"的现象极为普遍。记者在市区某五星级酒店的客房价目表上看到，所有房间的门市价都超过了千元，像高级房的门市价1266元、豪华房1388元、豪华商务套房2866元。咨询前台后被告知，所有的实际入住房价都可以打折，打完折后，高级房只需688元、豪华房735元、豪华商务套房1433元，远低于门市挂牌价。

门市价虚高属"惯例"

记者走访了市区几家星级酒店，其前台人员称，目前的酒店门市价基本没有用武之地，因为多数客人入住根本不看门市价，而是直接到前台咨询实际价格。记者看到，有的酒店干脆没有挂出价目表。据悉，一般情况下，酒店的前台价是门市价的一半，要是碰上旅游淡季，甚至只有4折左右。

"门市价"和"前台价"的差异，消费者和酒店工作人员都心知肚明。一家四星级酒店的服务人员告诉记者："现在住店的客人基本上都是直接来前台问价格的，我们也一直是按折扣价卖。"也有不经常住酒店的消费者质疑："既然这样，那明码标价岂不是失去了意义？"

酒店业内人士介绍，酒店的门市价格也并非一成不变，对杭州这种旅游城市而言，通常每年12月到次年2月是淡季，这个时候酒店打折力度最大。

门市价是星级酒店"身份证"

记者了解到，酒店的门市挂牌价是由物价部门审核过的，但这个价格一般只作参考用，多数时候形同虚设。《中国旅游饭店行业规范》中规定，酒店应当将房价表置于总服务台显著位置，供客人参考，因此，在一定程度上，它也是酒店档次的象征。

浙江省饭店业协会常务副秘书长杜觉祥说，酒店的门市价通常是根据酒店的投入、设施和目标市场来定的。另外，由于各个酒店地理位置、环境设施、服务设施等方面的差异，同等星级的酒店，价格也会出现一定差异。

也就是说，虽然门市价大部分时候形同虚设，但也必须挂在那儿。业内人士称，消费者的心理不成熟也是造成酒店门市价与实际价格落差太大并长期存在的原因之一。因为消费者已经习惯于酒店房价打折，如果将门市价格定为最终售价，部分消费者仍会觉得不打折不划算。

门市价为何定这么高

浙江大学管理学院谢咏恩教授表示，"高价低售"可以说是中国酒店业不成文的"潜规则"。他分析，从行业性质上说，酒店业投资成本高、回收期长，属于薄利甚至微利行业。为保证成本，最普遍的方式就是通过折扣尽可能提高日入住率。

另外，浙江酒店业的主要市场集中在旅游一块，杭州又是著名的风景旅游城市，受旅游淡旺季的影响比较明显。在旅游淡季，为吸引客源，以应对激烈的市场竞争，多数酒店都会加大折扣力度。虽然大多数情况下"门市价"并不会成为现实的入住价格，但两者之间的价格落差能使消费者在心理上得到很大满足。久而久之，酒店房价的高折扣成为消费者的心理预期，这一惯例也就很难被扭转。因此，酒店业采用"高价低售"方式吸引顾客也就不难理解了。

另外，部分酒店因为客源定位不准确，实际接待客人跟预期客源相差较大，造成定位和现实的脱节，在市场因素的调节下，不得不下调价位以适应市场，这也是酒店"门市价"与实际售价难以统一的原因之一。

专家称"门市价"并非毫无意义

门市价的意义在哪里呢？专家介绍，在一定范围内，星级酒店依据本酒店地价、建筑物投入、装修档次、服务项目、地理环境、自身品牌影响力等优劣势定位，自主定价。同级酒店之间在价格上会存在上下波动，这样形成的价格也就是所谓的"门市价"。

"'门市价'更多的是一家酒店'档次'和'品质'的代表，并非毫无意义。"浙江大学管理学院谢教授向记者表示。省饭店业协会常务副秘书长杜觉祥也表达了同样的看法，作为酒店业业内人士，他认为行业内"高价低售"的现象可以理解，这是社会消费习惯在酒店业的一种反映，因为顾客消费心理等诸多因素影响，这已经成为酒店行业的通例，消费者对此也早已习以为常。但是从酒店业的长远发展来看，杜觉祥认为，酒店的门市价和实际售价（前台价）不宜相差太大，应当提高酒店的服务内涵和品质，使顾客体会到酒店服务的价值，以顾客的满意来维护酒店门市价的严肃性。

浙江大学管理学院谢教授也表达了同样的忧虑："虚拟定价"虽然满足了消费者对自身利好的心理需求，同时也可能引发其对酒店价格真实度的怀疑。过高的折扣，很容易让人联想到其背后可能潜在的巨大利润空间，从而使消费者产生负面抵触心理；而"便宜没好货"的心理暗示，使许多享受到高折扣的消费者，反过来怀疑酒店的服务质量是否会缩水。

谢教授预测，酒店业"高价低售"的现象在一段时期内还将存在。特别是像杭州酒店业以旅游市场为主，考虑到全国区域收入上的差异，只有弹性价格才能更好地吸引来自全国各地的客源。

一方面，消费者心理尚不成熟，存在依赖折扣的心理定式，扭转需要一个过程；另一方面，酒店行业本身也亟须实现服务收费标准化，而这两者其实是互为动力的。除了成熟的消费行为和市场建设外，整体经济走势和法律法规走向，也将影响酒店行业服务收费的标准化道路。

摘自：刘乐平、岑文华，《杭州日报》2008年7月16日B03版。

 案例3

烟花节当晚，钱塘江边酒店房价猛涨三倍

一家位于杭州钱江三桥和钱江四桥之间的临江酒店，2008年10月25日（周六）烟花节当晚，江景房价格由平日的258元/间猛涨至1018元/间，涨了三倍。目前，这家酒店的房间已经卖得所剩无几。同样位于钱江新城的天元大厦，尽管酒店的江景房只有一侧的窗户可以看到烟花，但同样卖出了1024元/间的高价。

高昂的价格并不乏买单者。距离杭州西博会烟花节尚有一个星期时，众苑宾馆九层、十层的江景房已经售罄，其他楼层也都只剩一两间客房。酒店的订房小姐说："有意向订房的，必须提前来缴纳400元订金。假如退订，必须提前四天通知，否则订金不予退还。"

同样，位于滨江、钱江四桥边上的杭州华美达大酒店，近800元/间的江景房已经订出了八成，其中有不少还是境外客人。该酒店执行总经理说，有三个楼层的房间被旅行社订走了，接待的是韩国、东南亚一带的客人，他们早在三个月之前就订好了房间。

摘自：祝洁炜，《每日商报》2008年10月21日第5版。

👤 课堂练习

从以上案例中，你了解到房价都有哪几种？ _____

理论知识

房价是指客人住宿一夜所应支付的费用，它是客房商品价值的货币表现。房价合理与否，会直接影响酒店的市场竞争能力、经济收入和利润水平。

酒店常用房价有门市价、合同价（包括OTA等互联网酒店平台商价、公司协议价、团队价）、APP价与微信等小程序价、步入客价、折扣价和免费房、包价、酒店行业价、追加房价等。

◎**门市价**（Rack Rate）

门市价也叫挂牌价、公布牌价等，指的是酒店价格指示牌或房价表（Room Tariff）上的价格，是未打过折的价格。只有在客房供不应求时，如在杭州西博会烟花节这天，

 模块四 房型、房价和房态

 43

能清楚观赏到烟花盛放的江景房的房价，才能卖出等于或远远超出门市价的房价。另外，通常所说的门市价是针对步入客（Walk-in Guest）而言的。

◎合同价（Contract Rate）

互联网酒店平台商价指的是旅行社、航空公司、机场订房中心、携程（Ctrip）、艺龙（eLong）、飞猪、美团、Agoda、爱彼迎等实体或OTA跟酒店签订的不同季节（节假日除外）、不同房型的散客价。在网络没盛起时，有些精明的客人会通过旅行社或航空公司订房，持订单和付款凭证（Voucher）入住星级酒店。现在，客人更多的是通过携程、艺龙或当地有知名口碑的OTA等互联网酒店平台订房。当然，OTA等互联网酒店平台商每帮酒店卖出一间房，酒店会按合同约定返佣金给这些平台中间商。

公司协议价是指给签约公司的房价。公司客人或商务客人是酒店要争取的重要客源，是酒店的重要收入来源，也是比较有保障的客户类型，比如华为、阿里巴巴、微软、Intel、通用电气、空中客车（Air Bus）等公司。公司经常有外来人员因为工作原因要在本市停留，这些公司就会和几个不同级别的酒店签订长期的合同，以拿到比较低的客房价格。根据对酒店的贡献率或者达到的用房数量，酒店与不同公司签订的公司价格也略有不同。

团队价（Group Rate）：所有价格中最优惠的价格。淡季时，酒店非常需要旅行社的支持，旅行社带来众多的团队房，并可能提升各营业场所的消费，可以保证酒店有一定数量的稳定客源，实现薄利多销。此外，酒店对于长期合作、给酒店带来较多优质客源的旅行社，还按惯例对满15名付费成员的团队，免费提供双人间客房的一张床位，即所谓"十六免一"。

◎APP价与微信等小程序价

随着智能手机的普及，人们更习惯从手机上下载各类APP软件，比如携程、飞猪、去哪儿旅行、爱彼迎、淘宝、小红书等，在这些大众流行的APP上或酒店官方APP上做预订更方便快捷。同理，我们在生活工作中已离不开微信、支付宝、百度、抖音、QQ等小程序，因此各类小程序应运而生，也就有了微信小程序价、支付宝小程序价、百度智能小程序价等价格。

◎步入客价（Walk-in Rate）

步入客即没经过事先预订直接来酒店住宿的客人，步入客价也叫上门散客价。由于客房产品具有价值不可储存的特点，如果当天没有销售出去，就不能实现客房这一天的价值，所以对步入客的定价，可依据酒店入住情况、客人入住时间和天数、当时的价格政策以及当事人的权限具体而定。

◎折扣价（Discount Rate）或免费房（Complimentary Room）

折扣价是指酒店向政府官员、社会知名人士，以及能给酒店带来潜在客源、促进客房销售或提升酒店美誉度的人或单位（如旅行代理商、会议主办人员等）提供的极优惠的房价，有时也提供免费房。该类房的价格需要总经理（GM）批准。

◎包价（Package Rate）

包价是指既包含房费也包含餐费或其他费用的价格，即住房包餐、包培训或包洗衣、包游览等其他费用，以方便客人。如"培训+住宿"二合一包价和酒店周末包价，即为该类型。还有一种本地包价（Local Package），是针对本地客人的一种比较便宜的促销价格。

除了"客房+自助餐+景点门票+演出"组合产品外，有些酒店在"最后一公里"上推出了"开通专线接送往来宾客""预订客房免费接送高铁服务"等包价产品。例如，山东梁山杏花村酒店构建了"酒店+旅行社+景区+城市交通"的合作共建模式，形成"水浒风情温馨双人二日游"包价产品。

又如，上海阿纳迪酒店是一家康养酒店，它以康养之旅、亲子之旅、商务之旅和闺蜜/情侣之旅四个板块为基础框架，做了100多种包价产品。酒店的产品不再集中于房餐这种单一的结构，而是针对目标客群，做出IP层面上的内容产品。

◎酒店行业价
酒店行业价是针对酒店同行的价格。

◎酒店员工价
酒店员工价是针对连锁酒店或集团内部员工的价格，如雅高集团杭州索菲特酒店的员工去上海索菲特酒店入住或去泰国索菲特酒店入住，都可以凭员工证享受到一次很低的员工价。一些知名品牌的高星级酒店为留住员工，会依据员工在酒店的工作年限提供不等的员工优惠价甚至免费房。

◎酒店官网价
酒店官网价指建有网站的酒店在其网站上发布的不同时间段、不同房型的房价，以方便其目标客人的预订和浏览。

◎追加房价
退房时间和半天房价：酒店行业自发形成的规定是，当天12点后至18点前退房，加收半天房费；当天18点后退房则加收一天房费。但此种惯例可视具体情况，如客人类型、酒店当天住房和预订情况、当事人权限等灵活处理。

加床费（Rate for Extra Bed）：此价格是在客房内加床时的收费标准，可根据客房种类、床具种类和住宿天数而定。

另外，在了解房价时，还需要弄清楚该房价是否包含早餐和服务费。问早餐时，要问清是包单早（一份）还是包双早（两份），包含的早餐是中式早餐还是西式早餐（通常是Buffet）。问服务费时，要明白服务费（Service Charge）又叫附加费（Surcharge），是在房价的基础上再增加的15%的附加费，其中10%为服务费，5%为政府税收。因此，不含服务费的房价叫净价（Net Rate）。如果酒店价目表上的标价为RMB500并声明该标示价格不包含服务费，则该类客房实际应支付的房价应是：RMB500 × 1.15 = RMB575。

对持凭证（Voucher）住房、从OTA上已付房费订房的客人，酒店只收取杂费押金，同时注意房价对其保密，入住（Check in）和退房（Check out）结账时要避免在账单上出现房价。

4-4
讨论：不同情况下，你会用
什么房价去入住？

能力训练

1.不同情况下，你会用什么房价去入住？

2.按国际标准"十六免一"计算以下房费。有一个旅行团，基本情况如下：中旅12345A团，（16+1）人，用房（8+1）间；2022年9月20日入住，9月22日离店；8间双人房，每间每晚人民币240元，挂账；1间陪同房，每间每晚人民币90元，现付。请问挂账应挂多少？现付应付多少？

你的答案是

任务二　客房营业报表计算

作为一名前厅员工，你在工作中会接触到各种营业报表。在各种营业报表中，最重要的是客房业绩报告（见表4-2）。

表4-2　客房业绩报告（第一部分）

时间：2020-11-25

房态	当天	月累计	去年今天	去年月累计
客房总数/间	247	6175	247	6175
维修房/间	1	544	6	484
自用房/间	5	150	7	172
可卖房/间	（241）	（5481）	234	5519
免费房/间	9	64	0	39
住房总数/间	235	3663	155	3306
住房率/%	（95.14）	（59.32）	62.75	53.54
客房总收入/元	91452.52	1325985.37	58342.91	1294396.05
住房平均房价/（元/间）	（389.16）	361.99	376.41	391.53

客房营业报表是综合反映每日客房经营状况的表格，其格式与内容因酒店而异，但大致包括各类用房数、各类客人数、住房率、客房收入等内容。

课堂练习

表4-2中括号内的数字是怎样得出的？

在学习和分析客房营业报表时，主要需要掌握住房率（Occ）、已售客房平均房价（ADR）、RevPAR这三个基本指标的计算，明白什么是自用房。

一、酒店自用房（House Use Room）

酒店自用房通常包括三种情况：酒店高层管理人员短期或长期使用的客房，如外籍总经理（GM）自住；因工作需要申请给员工住宿一晚的客房；当天的值班经理用房。

二、住房率（Occupancy，Occ）

住房率也叫入住率、客房出租率，指酒店实际出租客房数在可供出租客房总数中所占的比例。计算公式为：

$$住房率（Occ）= \frac{实际客房出租数}{可供出租客房总数} \times 100\%$$

住房率是衡量客情和营业状况的基本数据，住房率越高，说明客情越好。在平均房价不变的情况下，住房率越高，说明酒店的营业情况越好。

三、已售客房平均房价（Average Daily Rate，ADR）

$$ADR = \frac{客房收入}{实际售出的客房数量}$$

ADR是评价酒店客房销售和营业情况的基本数据之一。最佳房价是最接近客房公布牌价的房价。

四、每间可售房收入（Revenue per Available Room，RevPAR）

$$每间可售房收入（RevPAR）= \frac{客房收入}{可售客房数}$$

RevPAR不同于ADR，前者的分母是可售客房数量，后者的分母是实际售出的客房数量。因为平均房价和住房率比客房收入更具可控性，所以更多的酒店习惯用实际平均房价×住房率来计算：

$$RevPAR = 住房率（Occ）\times 平均房价（ADR）$$

国际酒店业普遍采用RevPAR这个概念来衡量和分析酒店的经营业绩。RerPAR反映的是以每间客房为基础所产生的客房收入，因此能够衡量酒店客房库存管理的成功与否。

⚲ 项目三　房态

任务一　有哪些房态

房态（Room Status）主要有干净房（也称可出租房）、脏房（也称走客房）、严重坏房（也称封闭房）、轻微坏房四种。以酒店操作系统软件Opera操作系统为例，房态如表4-3所示。

表4-3 可选房态代码描述

Room Status	房间状态	FO Status	前台状态
Clean	干净房		
Dirty	脏房	Vacant	空的
Out of Order	严重坏房	Occupied	占用的，有人住
Out of Service	轻微坏房		

另外，对于下列几种状况的客房，客房部在查房时应注意掌握房态并及时通知前台。

一、外宿房（Sleep Out）

客人在外留宿未归的房间。前台和客房部对这类房要加以关注。

二、携少量行李的住客房（Occupied with Light Luggage）

住店时没有行李或携带少量行李的客人居住的房间。前台和客房部要关注这类客房的即时签单消费情况，防止客人逃账。

三、请勿打扰房（DND: do not Disturb）

该类客房门口"请勿打扰"灯亮，或门把手上挂有"请勿打扰"牌，这时服务员不能进房间提供服务。超过酒店规定时间，客房部或前台应打电话与客人联系，以防客人发生意外事件，如患急性病等。

四、双锁房（Double Locked）

为免受打扰，客人从房内双锁客房，服务员用普通钥匙无法打开房门，对这类客人要加强观察，并定时检查房间。另外，酒店的长住客人离开客房一段时间时，酒店也会采取双锁该客房的措施。

五、保留房（Blocked Room）

保留房也叫预告锁房，指为把某间房保留下来，提前在操作系统中把此房间在某日锁起来，使其在该时间段显示为被占用，有利于更好地接待会议、团队或重要客人的排房，满足回头客对某种房型、房号的偏好或特殊要求的安排。

能力训练

请问，哪些情况下客房房态会改变？

任务二 房态准确是做好前厅工作与服务的前提和保障

 案例导入

开重房引来大麻烦

案例1：某日晚上，一大型团队入住大连某饭店。办理完入住手续后，客人陆续进入客房。陈先生第一次到大连，想要出去逛逛，于是将自己的行李放在队友的房间后便与朋友外出了。由于团队房间数量很多，楼层服务人员反馈该房内无行李，前台在登记时就遗漏了该房，误以为这是OK房。此时恰好一位外宾到店，前台就将该房安排给了这位外宾。深夜，陈先生回到饭店，打开房门后与正在熟睡的外宾均大吃一惊，于是两人向饭店提出投诉。

案例2：某日凌晨，酒店保安部接到前台电话：1506房的李先生在客房内丢失1万元现金。保安部立即派人询问情况。李先生称其下午5时左右入住，将物品放好后，就出去吃晚饭了。半夜11点回来后，李先生发现房间已被另一客人占用，于是两人发生了争执。与前台联系后，发现因为接待员工作疏忽，开重了房。饭店立即对另一位住客进行了调房处理。但李先生却声称清点自己物品时，发现放在柜子里的现金不翼而飞。

理论知识

保证房态准确是前厅工作中一项最基础的内容。因为房态的准确与否涉及预订、分房入住、换房、续住、介绍推销客房、客房卖重（Double Sell）、脏房入住、客房部抢房等一系列工作。只有房态正确，才能保证和提高服务质量，避免客房销售和客房服务的混乱。

因此，在把房卡交到客人手上之前、换房以前、带客人看房销售客房以前，前厅员工务必养成再确认一下房态的良好习惯（确认房间是可销售的干净房，即房态应为Clean）。另外，当有多个人同时在销售客房时要注意，拿走一间房后要迅速改变该房间的房态，并及时告知同时在做销售的其他同事，以免因几秒钟未及时改变房态而卖重房。

房态工作做得好坏反映出一家酒店前厅部的管理情况好坏。

开重房是酒店前台工作中极具危害性的问题，不仅极易招致宾客投诉，而且对住客的隐私、财产安全等都会造成很大的威胁。这不仅会影响酒店的声誉，而且假如宾客的隐私被发现或财物发生丢失，酒店还要承担相应的经济或法律责任，这类事故教训深刻，发人深思。因此，酒店管理者要认真总结分析开重房的原因，采取积极有效的预防和补救措施。

出现开重房现象的主要原因是前台接待员疏忽，尤其是在客情繁忙时登记房间后忘记在电脑中做"入住"点击，导致客房重复出售。为此，接待员应养成开房后立即

模块四 房型、房价和房态

49

改变电脑房态的习惯。酒店管理层亦应严格控制"预前售房"，如确实需要，接待员必须养成随时在电脑中标记"临时房态"的习惯。此外，接待员打印房间号错误或手写字迹潦草，而楼层服务员按照房号误开房门亦容易导致开重房。鉴于此，接待员打印房间号码时需细心，书写房号数字时要清楚，尤其是团体房卡袋，由于房号书写位置小，字迹辨认时较易出错，尤其要写清楚。另外，前台不要重复使用房卡袋，要及时处理已使用过的房卡袋；楼层管家对字迹潦草的欢迎卡、房卡袋及未能开门的房卡在不能确认时，要及时与前台进行沟通、确认。

客人早退房而前台接待员未及时收回房卡并"插限"，也是导致开重房的原因之一。如常有宾客通过电话退房，12点前房卡尚未失效，客人重新回到已退的房间，而此时房间已作为空房出售。为此前台接待员要注意及时回收房卡，对未收回房卡的房间应及时通知大堂副理"插限"，使客人手中的房卡失效，无法进入房间。类似的情况还有：A团队退出的房间打扫后即安排给B团队，但部分A团队的"同住房"（两人并房的房间）误退，房卡未全部收回，且房门未及时"插限"，导致与B团队"重房"。为预防此现象的发生，前台接待员在团队退房时必须严格统计回收的房卡，对未收回的房卡进行"插限"处理。

还有一种情况是前台接待员将预排给团队的房间撤出来卖给了散客，而未及时将房卡从团队资料中撤出，导致团队客人与已入住的散客"重房"。这种情况的预防方法是接待员尽量不要将团队预订的房间拿出来销售；如急需，要及时更改团队资料（房卡、团队组单等信息）；同时做好交接班工作，保证团队资料的复查及电脑房态的核对；团队住店时要进行再次核对，争取做到团队登记"三把关"的严格操作。

客房服务员、行李员发现开重房后，应请宾客在客房外稍等，并联系前台接待员立刻重新安排房间，尽量选择同一楼层、相同房型的客房；房间安排好后，行李员将宾客行李搬至房内，并应及时为宾客更换房卡，以保证宾客的安全。行李员、客房服务员要养成开启房门前敲门报名、开门后环视房间的习惯，如意外出现开重房现象，可冷静礼貌地告知宾客"房间尚未清理干净，请稍候"。此外，楼层领班要定时核对房态与电脑记录是否相符，发现问题要及时与前台沟通，预防开重房现象的发生。万一开重房，大堂副理或值班经理应视必要程度向宾客致歉，并进行有效的服务补救。

👤 能力训练

若你发现自己卖重房了，客人正在去房间的路上，这时你该怎么做？几人为一组，按此场景进行应对性训练。

👤 思考与练习

1.针对你所居住的城市定位、酒店特色、资源等，你认为酒店应该开发什么样的房型？

2.请结合调研或上网查询杭州君悦酒店（http://www.hyatt.com），分析一下该酒店会经营、价格一直走得很好的定价政策。

3.阅读文章："凌晨3点半客房惊现陌生人，客人索赔10万元"，面对这种情况你怎么看？

摘自：https://mp.weixin.qq.com/s/x2EYlGVWadVde1Uk3f8 N_g. 2021−05−12.

4. 行动起来，学以致用。如果把教室看作酒店的客房，不同的教室是不同的房型，那么请问：你所在的教学楼有多少间客房？几种房型？每种房型的利用率如何？怎么给不同的教室定价？说说你的理由。

4-5
练习：寻找杭州凯悦酒店的定价政策

4-6
文章：凌晨3点半客房惊现陌生人，客人索赔10万元

4-7
练习：对各类教室的调研和定价

4-8
作业分享：房型、房价、房态

模块四
房型、房价和房态

模块五　预订

学习目标

知识目标

1.了解预订的意义。

2.明确预订就是销售。

3.掌握预订的种类。

4.掌握一次成功的预订应包含的要素。

5.学习了解OTA和预订员的工作内容。

课前小测

常用房型、房价和房态分别是什么？

能力目标

1.会根据预订单做预订。

2.会设计或改良线上APP预订程序。

开胃小练

在预订程序设计中，为什么要先询问客人什么时间入住、什么时间退房？

5-1 课前小测	5-2 开胃小练

案例导入

节假日或客房消费旺季，口头电话预订客房有风险

正是因为怕到时订不到客房，王小姐很早就为即将来杭的外国客人在某酒店订了房间。然而，在客人到达前的几小时，还是被告知酒店没有房间了，这让王小姐很是手足无措，她不但要重新找酒店，而且还会失信于客人。王小姐对酒店随意取消客房的行为感到恼火，希望酒店能给个说法。

酒店临时变卦，消费者手足无措

2007年3月29日，王小姐的公司有欧洲客人要到杭州，为保险起见，公司在客人到达前几周就在西湖边的一家酒店预订了房间。"因为酒店的地理环境不错，我们以前就常在那里订房间招待外国客人。"王小姐说。在得到酒店的肯定答复后，她就把酒店的资料传给了客人，客人对此也非常满意。

在客人到达前一周，王小姐几乎天天都能接到酒店确认订房的电话："每次我们都给予肯定的答复，明确客房是要的，并告知了客人的航班时间（19:30左右到达杭州萧山机场）。"

王小姐说，3月29日那天，上午酒店还打电话来确认预订，下午却突然打电话说没房间了，理由是住店的客人没有走，不能提供房间了。此时，离她们公司的外国客人到杭的时间仅剩几个小时。突然的变化让王小姐比热锅上的蚂蚁还着急，无奈之下，

她不得不接受该酒店的安排，让客人入住了附近的酒店。

由于客人不满意当晚的住宿，第二天自己去找了酒店，这又让王小姐很尴尬。"这是他们第一次来杭。我们预先把酒店信息都给了他们，他们对此充满期待。可酒店的临时变卦，让我们变得很被动，即便我们解释再多，也不会得到客人百分之百的谅解。"王小姐说。

对酒店临时取消预订的房间，王小姐很难接受。"怎么可以在客人到来前的几小时随意取消我们预订的房间呢？酒店这么做诚信何在？"王小姐希望酒店能给出书面说法。

酒店表示，难以出具书面致歉

对此，这家酒店的罗经理说，因为涉及酒店的形象，酒店难以出具王小姐要求的书面说法，但他们会在能力允许的范围内做出一些弥补。

罗经理说，虽然事先做了周密安排，计划在前一拨客人走了之后就安排王小姐的客户入住，但没料到前一拨客人当天提出延住，酒店也是措手不及。由于酒店当时已经没有空房可供安排，所以把王小姐的客户安排到了附近同区域同规格的酒店。

"给王小姐造成的不便，我们也在尽力弥补。"罗经理说，在当时的情况下，酒店已做出了最妥善的处理。"我们总不能把入住的客人'赶'出去，安排王小姐的客人住进来吧，那样做是违反行规的。"

罗经理表示，对王小姐，酒店愿意做一些实质性的补偿：第一，酒店已对经手此事的工作人员做出了内部处分；第二，如果这次事件造成了王小姐公司对其工作的不满，酒店愿意到王小姐公司进行解释；第三，如果王小姐还愿意选择他们酒店，那他们将为其客人安排高规格接待。

除了书面的说法，罗经理说只要王小姐提出要求，他们会尽力配合，希望能和王小姐就此次事件达成圆满共识。

口头订房，也是一种合同关系

对此，浙江援手律师事务所的潘律师认为，尽管我国目前还没有专门的酒店法对此进行规定，但是酒店和消费者实际上是一种合同关系，可以适用《合同法》的规定。根据《合同法》的要约和承诺规则，客人向酒店提出要求预订客房即是要约，酒店同意客人的预订，即表示承诺。此时酒店和客人之间的合同关系宣告成立。当事人双方的权利义务关系随之产生。如果酒店方因客观原因不能履行自己的义务，除非因为不可抗力，否则应当承担违约责任。由于在这起纠纷中，双方当事人没有约定违约责任，那么如何确定违约责任，则以违约方给对方造成的损失为判断依据。

按照行业惯例，一般来讲，酒店如果发生类似情况会尽可能妥善地处理好客人的住宿问题。通常的处理办法是：首先要非常诚恳地向客人道歉，就近找一家规格更高的酒店让客人入住，并弥补由此对客人造成的差价损失。做得好的酒店可能会给客人提供免费的住宿。

为更好地避免类似王小姐所遇到的尴尬，在预订客房时，最好能使用信用卡预付定金，做保证类预订，以确定客房。如果接待的客人特别重要，也可以要求和酒店签订书面的订房合同，并约定违约责任。如此一来，酒店一般是不会也不敢违约的。

摘自：郑玮、沈佳、叶根琴，《每日商报》2007年4月17日第10版。

通过上面的案例，你对"预订"的理解是 _____

_____

_____

项目一　预订就是销售

任务一　为什么要预订

客人进行预订，就是希望抵达酒店时就有准备好的、能满足其要求的客房。其目的是便于自己的行程安排。

预订客源对酒店的生存和发展是至关重要的。客房是一种特殊的商品，其特点是一天卖不出去就失去了一次收益，而折旧、维护及员工工资这些固定费用是基本不变的。因此预订工作越成功、订房量越大、客房的入住率越高，酒店的利益就越有保证。

预订工作是酒店客房营销的重要渠道之一，酒店企业当然希望预订率越高越好，在订房运作过程中，最大可能地提高客房出租率，增加客房收入。

此外，预订可帮助酒店提前准备好房间，做好各部门人力、物力、财力的合理安排和调配。预订做得好的酒店，也能为酒店节约不小的营销成本。通过预订时的早期接触，酒店还能给客人留下一个良好的印象，树立起良好的口碑和形象，更多地得到潜在的客源。

能力训练

1.提前预订可获得更优惠、便宜的房价吗？ _____

_____

2.哪些情况下客人不会提前做预订而是选择直接入住酒店？ _____

_____

任务二　了解预订的重要性

酒店客房的销售，并不只是销售部或客房部的事，作为直接接受客人订房的预订工作在整个客房销售过程中起着承前启后的作用。因此，做好客房预订工作无疑是十分重要的。预订工作的重要性主要体现在以下三方面。

一、每次来电、来访、各类线上的咨询和处理，都是在销售

现在，越来越多的国内外客人会事先通过各类APP、酒店官网及公众号、抖音和小红书等社交媒体平台了解酒店的用房、用餐、定价、停车、周边环境等各种情况，他们中有的会通过网上询问的方式做预订，更多的会通过不同的OTA销售渠道做预订。因此，对预订部员工而言，每次来电、来访、线上的问询和展示，都是一次很好的销售机会。

二、预订是销售和服务运作的连接载体

如果把整个销售客房的过程比作一场战役，那销售部就是"先头部队"，负责组织客源；前厅部就是"后方阵地"，负责接待拉回的客源；而预订部就是居两者之间的"支援军"，既联系前方，做好客源的预订，又配合后方对客源的特殊要求加以提示，如要求安排无烟楼层等。

简单的流程就是：销售部组织到客户；预订部按销售部组织回来的客人的要求订房，输入电脑操作系统中；前厅部根据预订部的记录给客人排房。

三、预订部是客人信息的集散中心

如果把预订部放到整个酒店中，则其处于枢纽地位，因为预订部是整个接待过程中的重要信息窗口。客人的所有信息都是通过预订部传达给各部门的：排房要求传达到前厅部，用餐要求传达到餐饮部，支付方式（支票支付或转账支付等）传达到财务部，房间内的具体要求更需要传达到客房管家部。各部门则按预订部开的单子做准备，以共同完成对客服务。接打电话、回复微信等看似简单，都是不用直面客人的服务，但其复杂、烦琐程度丝毫不亚于直接面对客人。

在智能化、数字化的今天，可以说，没有预订或预订率不高的酒店，很难想象它要如何存活下去。

任务三　了解谁更需要做预订

在国外，无论是上门拜访，还是去用餐，大多数人都有事先预订（如Reserve a Table）的意识，在满足自己需要的同时也能给别人带来方便。

目前，酒店客房做预订的多是团队客人、会议用房客人、商务客人和初次到酒店的散客（包括旅游客人），他们是酒店的主要客源。

另外，在能预见客房紧张的季节，如旅游旺季、节假日期间，或者举办奥运会、亚运会、世博会、广交会等大型活动时，也需要提前做好客房预订。

有些国际化程度较高的会展城市（如上海、北京等），因为每个月都会有大大小小的会议召开，所以会给酒店预订业务带来大量稳定的会议客源。

新冠疫情防控期间，大量的酒店预订被取消。商务客人如非必要都尽可能地减少异地出差办公或缩短酒店入住时间，更多的是公众节假日期间井喷式的出游带给酒店大量的预订，尤其是不出省的酒店预订。

任务四　常用的预订方式

在智能化、数字化的今天，在智能终端上订房成为主流。人们可通过旅行社、各类OTA的APP、酒店官网或公众号、微信等途径订房，或在咨询酒店后订房。

一、酒店官网或公众号、微信等小程序订房

如在杭州喜来登大酒店，只要打开酒店的官方网站，关于客房预订的所有信息都会显示在屏幕上，消费者按照提示选择所要求的客房类型，确定后提前支付房款或用信用卡担保，在网站上就完成了整个预订。酒店总部每天会审核所有的网络预订信息，另外，所预订的酒店本身每天也会打出客房预订的相关信息，审核确认并补充客人的特殊要求和客史档案。大部分客人对于网络订房还是信任的，也有少数客人会先打电话询问酒店再进行网络订房。

二、企业微信、E-mail预订

协议单位、旅行社、互联网酒店平台等商家，大多通过企业微信、E-mail等形式确认预订用房。

三、电话或传真预订

当然，最传统的方式还是通过发传真、打电话来进行客房预订。对于传真预订，预订员只要把传真上的信息输入电脑系统中，然后再给对方回复一个确认传真（直接电脑上发送，无纸化操作），一个预订就算完成。在接受电话预订特别是接受外籍客人的预订时，因为在电话中交流，不像面对面交流可以通过肢体语言弥补沟通的不足，预订员只能靠听力理解客人的要求和相关信息，比如客人的姓氏与名字不要混淆，有时难免听错，这时最重要的是要重复一遍所有的信息。这样做一方面是再次确认客人的信息，以免出错，另一方面对于客人来说可以从预订员口中得到初步的确认，这也是对他的尊重及对其要求的肯定。

任务五　预订的种类

预订分为非保证类预订和保证类预订。

一、非保证类预订

非保证类预订包括确认类预订、临时性预订、等待类预订等。当下酒店的非保证类预订多数为确认类预订。

◎确认类预订（Confirmed Reservation）

确认类预订是指酒店答应为预订的客人保留房间至某一事先声明的规定时间。若客

人到了规定的时间却未到达，也没有提前与酒店联系，则该预订自动取消，酒店有权将保留的客房出租给其他客人。通常，确认性预订的方式有两种：口头预订和书面预订。

◎**临时性预订**（Advanced Reservation）

临时性预订是指客人在即将抵达酒店前很短的时间内或在到达的当天才联系酒店订房。这类预订通常由前台接到电话后进行受理。受理时要注意跟客人约定好客房保留时间。

◎**等待类预订**（Waiting Reservation）

等待类预订也叫候补订房，指当酒店订房已超订无法接受更多的订房时，为了保障酒店的收益和满足客人的需要，酒店会把额满后的订房放在候补名单上，一旦有取消预订或提前退房的，酒店便会安排候补名单的客人来住房。

二、保证类预订

保证类预订（Guaranteed Reservation），指客人已提前支付房费或通过预付定金、使用信用卡担保、签订合同等方式，保证在约定的时间入住所需的客房。这是一种能保证酒店应有收入的预订客房方式。做该类预订时，酒店需要预先向客人说明取消预订、退还定金、未按时入住等方面的相关规定。

◎**预付定金担保**

预付定金担保是指客人在抵店入住前，通过先行交纳预付款的方式，获得酒店的订房保证。

◎**信用卡担保**

信用卡担保是指客人将所持信用卡的种类、卡号、持卡人姓名、有效期等信息以书面形式通知酒店，以此来担保所预订的酒店客房。若客人没有及时取消预订且未能按时抵店入住，酒店可通过信用卡公司收取客人的房费。

◎**合同担保**

合同担保是指酒店与有关公司、旅行社等客户单位就客房预订事宜签订合同，以此获得酒店的订房保证，确定双方的利益和责任。

目前，我们在各类渠道上做的预订，多数都已提前用支付宝或微信等支付了房费或需要信用卡担保，属于保证类预订。

⚲ 项目二　做预订

任务一　怎样才是一个成功的预订

预订员若要完成一次成功的预订，应包含以下要素：

（1）当接到客人的预订要求时，应礼貌地询问客人的称呼，这样可以自始至终亲切地称呼客人。

（2）了解客人是第一次订房还是已来住过酒店，是不是会员、公司客人或常客等。

（3）询问客人对入住时间的要求，即入住和停留时间，以确定该时间段内有无其需要的房型、房间等。

（4）询问客人在该时间段内对房型、房价、房间数量等的要求。

（5）询问客人的其他情况和要求。预订员视具体情况决定是否需要对客房外其他产品进行销售，如询问客人是否需要接机等。

（6）问清楚客人的联系方式和预订客人的全称，如是为他人订房，还需要问清客人的付款方式和内容。必要时可通过微信或E-mail等发送相关资料。

（7）询问客人预计抵达酒店的时间，并和客人约定房间保留时间。

（8）及时处理预订单信息（见图5-1）。

（9）告知客人当地及酒店的防控防疫政策和要求等。

如客人是第一次订房或是来了解酒店当前房价或促销政策的，预订员可以向客人介绍一下他可能需要的房型、房价和房间的特色。如客人是会员、公司客人或常客，可以先礼貌地问出客人的姓名，以便及时调出客人的住房客史档案和偏好，问清此次客人的订房需求和情况后，迅速为其完成订房。

任务二　电话在线预订的程序

旅游旺季时，预订电话或在线预订会非常多，为了不占用线路，保证预订电话的及时畅通，预订员为客人做预订时要做到又好又快，给客人留下较好的第一印象。

电话在线预订讲究顺序和后续工作的安排。一般电话在线预订的程序如下：

先礼貌地询问客人怎么称呼→询问客人几时需要客房，几时离开→询问客人需要什么样的房间及房间数量→告知、解释对应的房价或促销政策→留下客人的姓名和联系方式→询问客人是否有其他需要→询问客人预计抵达酒店的时间和房间保留时间→简要重复，并请客人确认信息→感谢来电，表达期盼客人的光临后，挂机。

能力训练

课堂讨论：使用微信小程序在线预订房间与电话在线预订有什么不同？需要注意什么？

ROOM RESERVATIONS
房间预订单

New 新的预订□   Modify 更改□   Cancel 取消□

Arrival Date 抵达日期		ETA 预计抵达时间		Departure Date 离店日期		
Surname 姓　　　Given Name 名		Room Type 房间类型	City View 市景房	Lake View 湖景房	USD/RMB 美金/人民币	Pax 人数
		Superior Room 标准间 USD140/160				
		Deluxe Room 豪华间 USD155/175				
		Executive Room 商务间 USD170/190				
		Studio Suite 小套间 USD270				
		Presidential Suite 总统套房 USD780				
Company Name 公司名称		Tel 电话号码	Room Payment　　　付费方式 Own A/C　　　　私人账单□			
Caller 来电者		Fax 传真号码	Agent A/C　　　代理商账单□ Company A/C　公司账单□			
Guaranteed Reservation by 预订保证人						
Meals 用餐	CN/WSTN Breakfast 中/西式早餐		CN/WSTN Lunch 中/西式午餐		CN/WSTN Dinner 中/西式晚餐	
Payment 付款方式						
Special Request 特殊要求						
Remarks 备注						

Taken by 记录人＿＿＿＿＿　　Keyed in by 录入人＿＿＿＿＿　　　　　　Date 日期＿＿＿＿＿

Required by 申请人＿＿＿＿＿　Approved by 签发人＿＿＿＿＿

图5-1　浙江经济大酒店房间预订单（示样）

任务三　客人预订时的要求以及需要注意的事项

（1）对房型的需求，比如需要无烟房、相邻房或者连通房等。

（2）对房间位置的要求，如要求房间比较安静，或是景观房，或对朝向有要求。

（3）对房号、楼层的要求。

（4）对房内布置或客房设施的要求。

（5）房内是否可加床、加桌或加婴儿床（Baby-cot）等。

（6）对结账方式或签单权的要求等，如要求代入住客人付账等。

（7）询问是否有残疾人房，是否可提供残疾人轮椅，是否有为残疾人提供便利的设施等。

（8）询问对随身携带的宠物的安排。

（9）要求接机或询问有无往返于机场与酒店的酒店班车（Shuttle Bus）。

（10）对入住客人该如何称呼，等等。

（11）询问房价中包含几份早餐，是中式早餐还是西式早餐，小孩的早餐是否包含在内等。

（12）对离店退房时间的要求，如延迟退房至下午2点等。

（13）询问酒店及当地的防疫入住政策等要求。

能力训练

1.请在课堂上分组模拟以下客情，做预订训练。

（1）公司客人；

（2）散客（国内客人和国外客人）。

2.假设现在你是预订员，请根据以下预订内容填写预订单（见图5-2）。

Mr. White 一行四人，其中有一个15岁的男孩、一个8个月大的女孩，准备11月25日（星期二）至11月30日（星期天）到杭州游玩。

Mr. White委托杭州中大公司的成先生帮其在浙江经济大酒店预订房间（该酒店11月标准间的房价是：500元不含早、600元含双早，另外加一份早餐需80元，加床需150元）。

Mr. White一家将搭乘港龙航空公司的航班来杭，届时要求酒店接机（接机一般是100元/趟），且要求11月30日退房时间延迟到下午1点。

港龙航班KA623：周一、二、三、日　10:45到

周四、六　11:25到

KA621：除周五外　15:20起飞

周五　15:40起飞

中大公司与浙江经济大酒店签有公司协议，协议价为标准间或大床房（Twin or King-size Room）均为500元（含双早）。成先生（联系电话12345678900）11月18日来电为Mr. White做了预订。

ROOM RESERVATIONS
房间预订单

New 新的预订□   Modify 更改□   Cancel 取消□

Arrival Date 抵达日期		ETA 预计抵达时间		Departure Date 离店日期			
Surname Given Name 姓 名		Room Type 房间类型	City View 市景房	Lake View 湖景房	USD/RMB 美金/人民币	Pax 人数	
		Superior Room 标准间 USD140/160					
		Deluxe Room 豪华间 USD155/175					
		Executive Room 商务间 USD170/190					
		Studio Suite 小套间 USD270					
		Presidential Suite 总统套房 USD780					
Company Name 公司名称		Tel 电话号码	Room Payment 付费方式				
			Own A/C 私人账单□				
Caller 来电者		Fax 传真号码	Agent A/C 代理商账单□				
			Company A/C 公司账单□				
Guaranteed Reservation by 预订保证人							
Meals 用餐	CN/WSTN Breakfast 中/西式早餐		CN/WSTN Lunch 中/西式午餐		CN/WSTN Dinner 中/西式晚餐		
Payment 付款方式							
Special Request 特殊要求							
Remarks 备注 .							

Taken by 记录人_____   Keyed in by 录入人_____   Date 日期_____

Required by 申请人_____   Approved by 签发人_____

图5-2 填写房间预订单

项目三　酒店预订与OTA

让利OTA，开拓积累新客源

雷迪森普陀大酒店一直以来保持着较高的入住率，一方面它的文化特色、地理位置资源以及好的口碑服务吸引了客人，另一方面它一直保持与携程等平台商OTA的合作。通过携程和其他OTA途径预订的客源在雷迪森普陀大酒店可占到30%。这些客人在酒店收获较好的住宿体验、留下好的口碑，酒店借此展示了自身的魅力与销售途径、销售力度，吸引客人再次光顾或推荐给周围的亲朋好友，从而将通过OTA渠道预订的客源转化为自身客源，不断开拓新客源、积累新客源。

任务一　酒店预订与OTA

OTA是在线旅游（Online Travel Agency）的英文缩写，是旅游电子商务行业的专业词语，一般指在线旅游。OTA是指旅游消费者通过网络向旅游服务提供商预订旅游产品或服务，并通过网上支付或者线下付费，即各旅游主体可以通过网络进行产品营销或产品销售。OTA是多数酒店不可或缺的销售和营销渠道，OTA平台的优势是流量、场景、会员、数据、技术等。酒店向OTA平台支付通道费和佣金。

OTA扮演着连接用户与酒店的角色，各自的模式又有不同。携程去哪儿和同程艺龙等都是传统OTA模式，将旅行社模式搬到互联网上，其核心商业模式跟旅行社一样，靠赚取差价或进行捆绑销售等，相当于电商领域的B2C，一切业务逻辑都围绕着出差旅行。美团和飞猪等则强调平台模式，旅行服务商到平台来开店，流量经营是其核心商业模式，飞猪"挟流量以令商家"，美团"用场景和流量连接商家"，一切业务逻辑从用户生活服务需求出发，用一个场景拉动又一个场景。例如，我国当前两大OTA巨头是大家熟知的携程和美团，印度的最大OTA是MakeMyTrip。

对于酒店来讲，最希望有更多的渠道招揽到更多固定的客源，而这些客源是传统渠道上拿不到的。如果还是以前的那些客人，却是从OTA或其他渠道订出去的，对酒店来说不仅意义有限，还可能是一种损失。因为酒店往往与各OTA或其他渠道有协议，通过它们订房有很大的折扣或要付费返佣，这就相当于减少了酒店散客的收入。

能力训练

1.一般情况下，多数酒店会通过OTA销售酒店客房及其他产品。那么，什么情况下酒店不需要OTA来营销？

2.在酒店的营销占比中，你认为来自OTA的占比为多少比较合适？为什么？

任务二　根据预订要素，设计或改良在线预订过程

　　在网上预订客房，消费者可先在搜索引擎（如百度、谷歌等）上输入关键词，如"杭州300元酒店"或要搜索的酒店名称；再进入相关链接网站，经注册后（或直接）做预订或获取相关客房信息。多数高星级酒店在客人进行网络预订时会要求客人输入信用卡信息，同时在网络预订时酒店会给出对撤销预订的规定或解释。

　　以下操作具体描述了在酒店官网上预订北京东方君悦大酒店客房的过程，如图5-3所示。

进入北京东方君悦大酒店官方网站
http://beijing.grand.hyatt.cn

↓

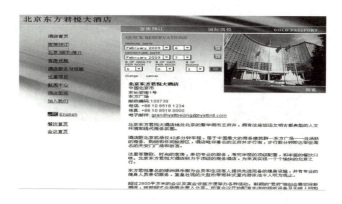

北京东方君悦大酒店官网预订客房首页

↓

点击**客房预订**

↓

填写所需客房的时间、房间数、人数等信息

↓

点击Check Availability，出现各种房型和对应房价信息

↓

选择所需房型及对应房价

↓

若想了解房间详情，可点击Room Details查看

↓

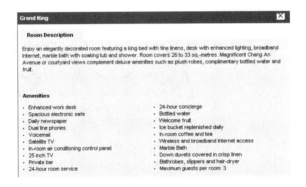

对房间的具体描述

↓

确定房型及对应房价后，点击其后的Book

↓

客人选择对客房的偏好和其他特别需要

↓

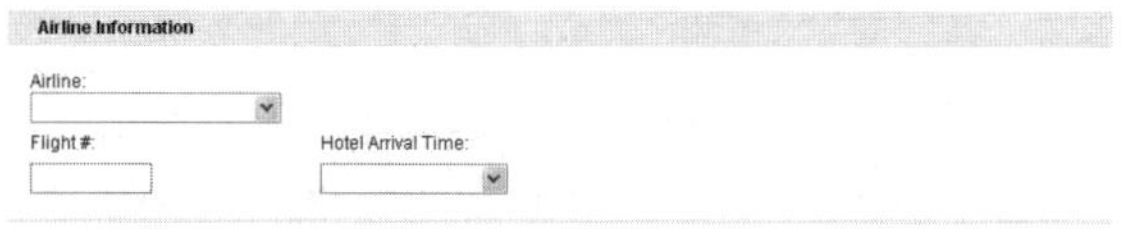

填写航班信息及预计到达酒店的时间等

↓

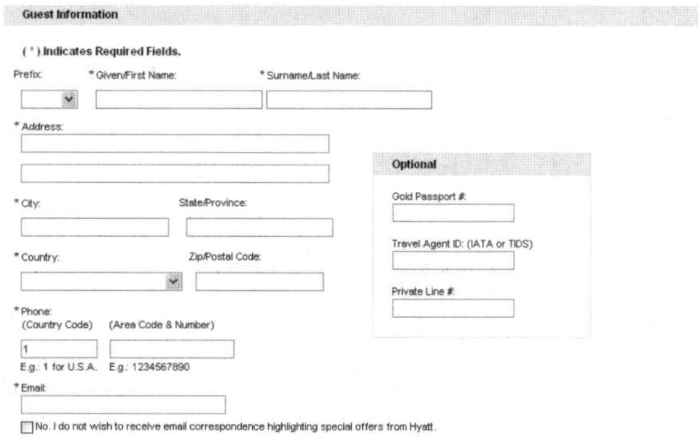

填写客人基本信息

↓

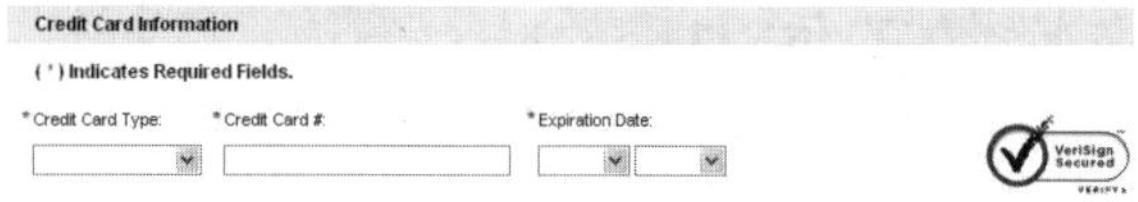

填写客人信用卡信息

↓

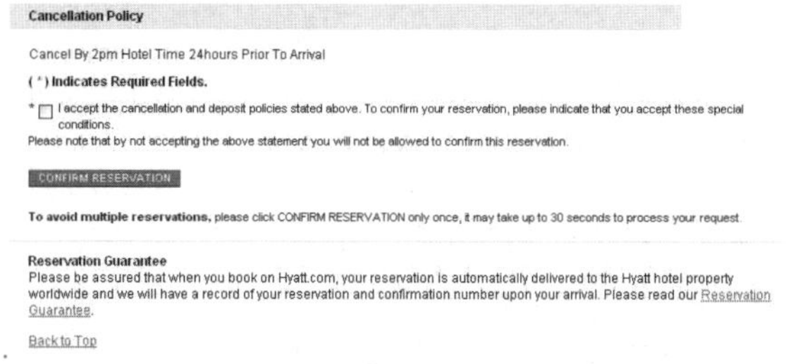

同意接受酒店取消预订政策后，做最后确认

图5-3　北京东方君悦大酒店官网预订客房流程（示例）

　　酒店方接到客人的预订信息后，预订员应及时进行处理和安排，并将订房确认单及时发送到客人留下的电子信箱内，或通过微信、传真、电话、短信等形式告知客人。若酒店无法接受预订，更应及时通知客人，以便其做其他选择。

大作业

1. 设计一张电子客房预订单，说说必备要素与你的思路。

2. 汲取上述预订操作过程与要素，设计手机APP上的预订程序或微信预订小程序。

任务三 酒店如何开拓网络预订业务

当前，酒店可通过OTA、酒店官网APP、微信公众号、微信等小程序、小红书和抖音等社交媒体平台、酒店或品牌的实体类网站（指单个或集团酒店针对自身业务组建的网站）进行网络营销和宣传，或由专门的代理类网站负责其网络营销和宣传（指由专业网站代酒店做网上营销，如商度中国等），或是加入门户类网站（如携程、美团、艺龙、Agoda、Expedia等）或咨询类网站（如杭州网–旅游频道等）等互联网酒店平台进行网络营销和宣传。酒店可选择以上单一的或组合的方式开展网络预订业务。

与此同时，旅游公司、旅行社、信用卡公司、航空公司、旅游景点等也会与酒店合作，开展促销活动，以带动、提升各自的业务，争取到更多的客源。例如，客人可通过消费某种银行卡，或乘坐某航空公司的客机来获取入住某酒店的更多优惠。

项目四 预订员的工作内容

请根据表5-1中小琳同学的真实实习记录，来了解预订员每天的工作内容及其感受。

表5-1 预订实习记录（2021年8—11月）

步骤	工作内容
Step 1 学习两个系统	我进预订部是在签合同的当天临时变化的，因为预订部缺人，要求有点高，本来不收实习生的，我因为过了英语四级被破例招收进去。 进去的第一天，我被告知预订有两个系统，一个是Marsha，一个是Opera。第一天我需要了解这两个系统该怎么看，英文代表着什么。因为我们的系统是全英文的，而且都是缩写，所以需要有一定的英语功底。
Step 2 学习做预订的各种代码	在学习完这两个软件该怎么看后，经理开始教我怎么做预订：首先是学习一些固定代码的用法，这些代码需要用在Marsha，我们需要通过Marsha先做预订，Marsha和Opera是连通的，等Marsha预订完，信息会自动出现在Opera里。这时我们需要在Opera里给客人连他的客史，例如他如果用的是公司协议价，我们就要为他连"公司"。每个公司都有不同的Rate Code（也就是代码），每个公司的协议价也都不同，根据实际入住量来决定。

步骤	工作内容
Step 3 做来自不同渠道的预订	在预订中，我们要做的事有很多： 做从销售部过来的预订。销售人员会在工作群中发预订单，这些一般是有公司协议价的，当然有些有公司协议价的还会通过打电话来预订。 做后台的订单，后台订单包括携程、飞猪、华为等。华为的单子一般是通过一个叫"慧通"的后台订进来，这个后台是华为员工通过他们公司内网订的，专供华为公司员工使用；携程的订单有专门的后台，就叫携程；而飞猪的订单分直连和后台，直连进来的订单会自动"掉"进系统，不需要我们手动做预订，而后台的订单一般是通过邮件形式发来；美团一般是直连进系统。 做大家熟知的通过电话和邮件方式来的预订。
Step 4 学做批团 （做团队预订）	学完散客预订的操作后，我们要学的就是批团：当人数在10人以上时，销售部会指定一个团单，这时我们要进一个名为OXI的系统，专门来批团。我们先要进入公司系统，输入自己的账号和密码，然后在一个名为Mini-House的系统中建团。这一步我们要输入团的入住时间和离店时间，一般时间会前后放宽三天，以免团提前入住或者延迟退房。我们需要根据团的性质做Rate Code，例如该团如果是旅游性质的，则是C结尾的代码，如果是出差性质的，则是T结尾的代码，然后再结合房型做出完整的代码。接着我们要进入OXI系统，在这里我们同样需要建立Rate Code，这个系统与Opera、Marsha系统是连通的，只有在这里做Rate Code，另外两个系统才能顺利做团的预订。建立完OXI系统后，我们就需要进入Marsha系统并根据相应的代码批团。销售部会给我们详细的单子，表明客人的具体需求，我们根据客人需求在Marsha系统里做预订，随后订单会"掉"到Opera系统中，再在Opera系统里根据销售部的需求做一些操作（如做挂账等）。最后我们一定要检查自己的团单做得是否正确。
Step 5 学习电话预订	等学完散客预订和团队预订后，我们需要学习电话预订：首先学习对客用语，由于新冠疫情，我们较少遇到外国客人，如果遇到外国客人，尽量用英文回答客人需求，实在听不懂的，可以请求客人以邮件形式进行预订，这样我们可以用软件翻译邮件内容后再进行预订。因为酒店是四星级酒店，要求没有特别苛刻，如果在更高星级的品牌酒店，要求会很严格，每个月集团都会进行匿名测试，在员工不知情的情况下，以外国客人身份打电话预订，全程需要预订员用英文对答，如果问答情况不理想，总部会马上评0分并且发邮件到员工邮箱。在我们酒店，并没有很严格，尽量用英语对答即可。 在电话预订中，我们要快速进行预订操作，这需要我们熟悉所有代码，有些客人会说出预订需求后马上要酒店确认号（酒店每个预订都有确认号，客人可以根据确认号到前台办理入住）。一开始不熟练可以记下来然后再进行预订操作，等到一个星期后就需要边打电话边做预订了。
Step 6 学习审核佣金	在学完以上内容后，我们就要开始学习佣金审核，在ZOS系统内操作，主要是审核携程等第三方的佣金，该系统也是全英文的。每天早上我们都需要查这个系统，然后打印出来。其实这个属于财务范围，我们每天查完以后，打印出来的文件都会交给财务部。
Step 7 学习Opera系统里的其他操作	接着我们要学习Opera系统里的其他问题。例如早上我们到岗后要查no show报表，这个就是客人预订了但是前一天没来的报表，我们需要打电话给客人询问没来的原因，然后写上原因给总监签字，再去扫描并存放到电脑公盘里。如果客人未入住的理由不合适，尽量向他扣钱。最后我们需要附上no show的扫描文件同时发送邮件给财务、总经理等，说明客人no show的原因等。 然后我们要学习Trace。这是因为Marsha系统和Opera系统有时候连接不顺畅，此时我们就需要进行一些操作让两个系统同步。

步骤	工作内容
Step 7 学习 Opera系统里的其他操作	与之相关的是，我们还要学习补确认号。因为前台不用Marsha系统，他们只会通过Opera系统做预订，导致Marsha系统同步不了，没有产生酒店确认号。这时需要我们每天早上和下午都要打开这个报表，敲代码在Marsha系统里做预订，再去Opera系统里补确认号。 接着，我们还要做Cancel报表。同样地，因为前台和总机只会在Opera系统里取消订单，导致Marsha系统不同步，这时需要我们每天早上都要核查两个系统不同步的情况，然后在Marsha系统里取消预订。除此之外，我们每天早上还要查团队的不同步情况。这是因为团队经常临时加人或减人，导致房间数量不同，我们需要在Marsha系统里敲代码"平"房间，也就相当于默认房间数量不同是正常情况。 另外，我们每天早上还要在Opera系统里查看Arrival客人和in House客人（即将到店客人和已入住客人）的情况，需要根据代码为客人连接相应类型，例如公司协议价的订单Rate Code是17开头，我们就要为他们连上"公司"。第三方的Rate Code也不同，需要为他们做Comment（即备注挂账）以及Routing（即挂账）。 最后，我们需要在Marsha系统里敲代码，打印出第二天的到店客人名单，查看第二天的预订。因为总机和前台有时候会订错，我们需要查漏补缺。 这些是每天早上需要做的事情，做这些的时候如果后台或者工作群里有新的预订单，要及时做好预订，边处理报表边做预订，所以早上一般都很忙。下午我们需要补确认号以及"平"团队房。当有些客人提前离店或者延迟退房时，前台人员是直接在Opera系统里修改房态信息的，导致与Marsha系统不同步，所以下班前我们要检查两个系统并更改有关信息。
Step 8 学习控房等	酒店控房一般是销售收益部门做的，我们酒店是由预订部控房：每天我们需要经常查看Opera后台的房间使用情况，这需要我们记住一些快捷键，然后在Marsha里放出或者关闭一些房型。Maraha和携程、官网等外网是互通的，这就需要我们学会一些代码，在Marsha里进行操作。我们还需要记住一些快捷键，查询酒店的入住率等。
Step 9 学习取消、更改预订	预订部的难处很多。例如，当飞猪小二（也就是飞猪的客服）打电话来取消或更改订单时，我们不可以直接操作，需要让他们联系酒店旗舰店，当旗舰店同意并且发来邮件后，我们才可以取消或者更改。不仅飞猪如此，所有第三方都如此，从哪里接到预订单就要从哪里收到取消单后才能进行操作。这就需要我们对Opera系统很熟悉，要会查看订单来源。如果没接到邮件就更改订单信息，可能导致飞猪无法正常对客人扣费，这个费用就需要我们自行承担，一般普通房间也要七八百元，这对于实习生来说是笔不小的开支，所以更改、取消预订时一定要小心再小心。
Step 10 要学会就事论事，练就强大心理	预订部下班后，总机会接手我们的预订工作，由于总机对于系统并不是很熟悉，其间可能会由于操作不当等而产生问题。有次，一位预订客人的名字被做错了，销售部的一个销售员冲进来直接对我破口大骂，斥责我工作不够细致。事后我去查找原因，发现这个预订单并不是我做的，而是总机做的。随后我去向那位销售员说明了情况，并且附上了更改记录的截图，于是销售员道了歉，这件事也就此结束。需要大家明白的是，实习生被批评是很正常的事，有些员工脾气不好、没耐心，如果你一次两次听不懂，他可能就会批评你了。所以，实习生要做好心理准备，要练就强大的心理，要快速学习，尽快融入工作环境中。

👤 **思考**

根据表5-1中的内容，总结预订员的主要工作内容是 _____

_____

_____

👤 **思考与练习**

1. 你觉得应该怎样提高酒店自身的网络预订率？

2. 泰国东方饭店的客房预订率经常是100%，请上网查阅资料，了解它是怎样做到的。

3. 什么是OTA？酒店网络营销的分销渠道有哪些？占比如何？

4. 2018年以来，OYO异军突起，成为中国互联网行业的现象级公司。查阅相关资料，了解OYO、OYA与OTA的区别与联系。

5. 请欣赏以下浙江经济职业技术学院酒店管理专业学生所做的酒店官网APP在线预订程序设计（共9个，见二维码5-4~二维码5-12）。你喜欢哪一个？为什么？你认为还可以做哪些增减或调整？

5-3
文章：牵手携程美团，OYO与OTA相爱不相杀

5-4
分享：学生作品1

5-5
分享：学生作品2

5-6
分享：学生作品3

5-7
分享：学生作品4

5-8
分享：学生作品5

5-9
分享：学生作品6

5-10
分享：学生作品7

5-11
分享：学生作品8

5-12
分享：学生作品9

模块五
预订

模块六　销售

学习目标

◎ 知识目标

1.熟悉前厅部销售的内容和含义。

2.理解做销售要注意的关键点。

3.掌握客房和酒店的产品，掌握临柜、电话销售和在线的客房销售技巧。

◎ 开胃小练

杭州有些线路公交车由大车改成小车，并增设了好些招手即停点穿梭在社区小巷。为什么要这样改变？

◎ 能力目标

1.能针对不同类型、不同需要的客人做客房销售。

2.能举一反三地销售自己，学会做销售。

6-1
开胃小练

⚲ 项目一　学会做销售

销售对任何一个企业来说都是非常重要的。客房营业收入是酒店的主要经济来源。酒店经常用客房销售量和平均房价来衡量前厅员工的工作业绩，因此，每个前厅员工都要掌握销售技巧。

6-2
学生作品1：模拟
线上直播销售客房

6-3
学生作品2：模拟
线上直播销售客房

从目前酒店管理专业学生的就业情况和就业方向来看，酒店管理专业毕业且懂销售的高职学生会有更多的就业选择和更大的发展空间。本模块抛砖引玉，希望学生在学习客房销售等基本知识和技能后能举一反三，在今后的就业和发展方向上有更好的竞争力，向既懂专业又懂销售的复合型人才方向发展。图6-1为酒店管理专业大一新生在圣诞节开展销售活动。图6-2为学生模拟直播带货进行客房销售。

图6-1　大一新生在圣诞节开展销售活动

图6-2　学生模拟直播带货进行客房销售

⚲ 项目二　前厅部销售工作的内容及存在的问题

任务一　前厅部销售的内容

一、好的服务就是最好的销售方式

销售客房和酒店其他产品（或服务）是前厅部的主要工作内容之一。这里所说的销售工作不只是指前台员工对步入客的销售，还包括电话销售、线上线下销售时的各种对客服务，以及在与客人的各种接触交流中门童、行李生、总机员工、预订员等前厅员工在客人关注、询问、需要酒店产品（或服务）时所做的各种回答和努力。同时，协助好其他部门做好酒店对客接待工作，让客人在每次居住或停留时留下较愉快的感受和经历，这本身就是对客人最好的销售和宣传方式。因此，前厅员工要有这种意识，应理解销售工作的含义和内容并知道具体该怎么做和怎么说。要会销售，还要会留住客人，留下好的口碑。

二、加强对酒店延伸产品的销售

在新冠疫情防控期间等特殊时期，前厅员工还应加强对已住店客人、走进酒店的本地客人的服务与销售，通过服务向客人推荐会员卡、积分卡（优惠卡），推销酒店的美食、健身及娱乐消遣项目等，以及酒店与周边景点（如网红打卡点等）的合作产品、组合产品或其他城市的旅游产品等。

任务二　前厅部销售存在的几个问题

一、前厅员工普遍缺乏主动销售的意识

应该说，很多前厅员工把工作更多地看成是完成具体的接待或提供保障服务，缺少通过销售、沟通去满足、帮助、捕捉客人信息和需要的意识。因此，对客服务更多是按照操作流程和规范去接待客人，给人以公事公办的感觉，对客人一时流露的怨言或其他需求不能准确地捕捉并及时反馈。

二、注重客房销售，但不注重酒店其他产品的销售

多数员工在向客人介绍酒店时只会介绍客房，而对酒店其他产品的推广不够，使得酒店的营业收入过多依赖客房收入，导致一些设备设施利用率不高。这样会让客人觉得酒店的产品与服务单一，同时还会感到价格太贵又不方便。

三、前厅员工在向客人销售时强调的是价格而不是价值

目前，许多酒店接待员在向客人介绍客房时，报了价格后就问客人要不要，忽视

了向客人介绍房间价格的内涵。即该价格之中包含了哪些酒店会提供的服务。前厅员工在向客人介绍酒店产品时，要详细介绍价格所包含的内容，以及该价格的优惠措施，让客人感到这个价格是物有所值的，否则会让客人听了后不满意，或不容易马上接受。

⚲ 项目三　销售成功的要素

任务一　房价是决定客人预订或入住的核心要素

　　一般来说，房价是决定客人是否预订或入住的核心要素。因此，怎样定价、怎样正确地表达出房价的物有所值和可比性，并能给予客人或帮助客人争取到最大的折扣，使客人愿意预订或决定住下来（即便不成功，也会给客人留下好的印象），是每位前厅员工应该去努力的工作之一。

👤 能力训练

以预订做测试——价格是最敏感的问题

　　在客人咨询房价时，客人若说："房价太高了，我第一次来住，便宜一点，打个折吧？不便宜我就住不起你们这儿了，旁边一家和你们差不多的酒店房价也只要××元，便宜点吧……"请问：

　　1.这种情况下你会怎么回答，又会怎么处理？

　　2.如果真的不能给予房价优惠，你会通过哪些较好的说法或做法努力让客人去接受这个价格呢？你这样做的准则或底线是什么？

　　你/你们组的答案是_____

任务二　销售成功的其他要素

精准定位抓住目标客群，创新基因让木莲庄酒店更年轻

　　"木莲庄是带着创新基因诞生的，母公司合景泰富以自身对商业地产的深刻认识，打造了针对中高端商务人士以及新中产的出行需求的'艺术旅居生活平台'，每一家木莲庄酒店从规划到设计都以创新基因融合当地人文艺术特点，并迅速成为区域内的打卡胜地。"日前，木莲庄酒店及母公司合景泰富集团轻资产品牌总监杨志伟分获"中国（酒店管理）十大创新品牌"和"中国（酒店管理）品牌十大创新人物"奖项，杨志伟

在获奖致辞中表示，未来三年，合景泰富仍将重点布局京津冀、长三角和粤港澳大湾区，利用在一、二线核心城市的资源优势，继续以轻资产模式实现发展。

创新基因让品牌更年轻

木莲庄母公司合景泰富成立已有25年，但这家老牌地产开发商自2007年进军酒店业之后，却越走越年轻。

与众多酒店集团一样，合景泰富也是重资产投资人。2011年11月，合景泰富作为投资建设业主方与喜达屋合作的合景喜来登度假酒店正式营业。2016年，合景泰富收回经营权，将其改为自营品牌——花都木莲庄酒店，自此，木莲庄品牌升级之路便正式开启。

从加盟国际五星级酒店管理集团到孵化自营酒店品牌，木莲庄酒店最早的产品定位是轻奢商务酒店。随后针对各细分市场，木莲庄陆续孵化出包括高端度假酒店、精品设计酒店、奢华五星酒店在内的三大产品系列。

随着2018年木莲庄酒店管理集团正式成立，创新和超前意识让这一品牌的发展进入快车道。目前木莲庄酒店的门店规模数量（含在建）已突破50家，主要布局在一、二线城市。尽管2020年初新冠疫情重创商旅市场，但木莲庄酒店管理集团凭借敏锐的触角和对市场的精准定位，创新地将目标市场划分为四大产品线：奢华五星级品牌X Hotel、木莲庄高端度假酒店、木莲庄城市精选酒店、潮流设计酒店MUSTEL Hotel，精准抓住目标客户群，在当前并不畅旺的市场上稳步扩张。

品牌升级驱动产品升级

将"木莲生活"理念融入酒店的艺术体验中，构建酒店艺术空间与人的链接，是木莲庄"艺术旅居生活平台"的全新品牌理念。这个深耕中国市场超过7年的酒店品牌，也在其创新基因下不断进行洞察和变革，其品牌升级和产品升级互为驱动的发展模式，为酒店行业走出创新瓶颈提供了参考范本。

品牌升级驱动产品升级，红遍当地的网红打卡点为酒店带来了知名度的同时，更实现了产品溢价。木莲庄延续"人居美学"的基因打磨产品，拒绝"标准化"复制模式，以启发旅居生活为出发点，强调酒店的"空间体验感"。

在轻奢商务酒店的打造中，木莲庄通过联手设计师家具品牌、陈列艺术装置，融合独特文化，将个性化、艺术化场景融入酒店体验中。而在高端度假酒店系列产品中，木莲庄则强调因地制宜，提供休闲度假的多种体验。花都木莲庄二期就充分融合得天独厚的自然环境，匠心独运地带来"庭院""野奢"等不同风格的全新旅居体验——秋山居室内静谧简约的设计与公共空间的园林景致相互呼应，一步一景全然让人领略诗意般的园林艺术生活。

一系列拥有强大"产品设计力"的酒店，已然成为行业精品酒店中的佼佼者。而产品的影响力也继续反哺品牌。在2020年品牌升级发布会上，木莲庄与203Y舞蹈剧场正式启动"Y计划"现代舞公益推广合作，该公益活动助力把木莲庄打造为富有体验感的"艺术旅居生活平台"，强大的产品实力让"木莲生活"成为都市艺术旅居生活的代名词。

创新孵化自营品牌灵魂人物

通过与现代舞者、爵士音乐家、威士忌品酒师、时尚高街设计师等等的跨界合作，木莲生活印记无处不在。此次获得"中国（酒店管理）品牌十大创新人物"的合景泰富集团轻资产品牌总监、香港设计师协会成员、香港商会成员杨志伟先生则是带领团队将木莲庄印记烙入各圈层的灵魂人物。

近期，私家汤泉酒店、星野帐篷酒店等新产品面世，同时特别针对年轻潮流一族开创的自营品牌——MUSTEL Hotel更成为年轻群体"未知的思维碰撞场域"。通过对年青一代的洞察，木莲庄将多文化体验融入实体空间，打造了专为20~30岁泛青年打造的潮流设计酒店品牌。与"未知的思维碰撞场域"相呼应的是混融空间独具一格的创新性，以及酒店承载着的多元文化、与未知之人的有趣相遇。

MUSTEL Hotel无限延伸了年轻人对于"酒店"的想象，并且将成为带着"前所未有的未知，似曾相识的同类"的社区化平台。

正如杨志伟先生所描述的："'社区化'的创新体验给客户从空间上建立一个可感知的、有温度的、离自己很近的生活化融入场景，让他们觉得这里就像自己家的公寓，我们希望所有消费者能真正穿着浴袍出来喝酒。同时在心理上构建多种社交方式，让消费者可以得到偶然/必然的社交机会。"

摘自：https://www.sohu.com/a/426768776_537750. 2020-10-23.

 案例 2

酒店业重回清洁卫生基本需求

华南理工大学经济与贸易学院魏卫教授就新冠疫情之下酒店住宿业的"求生大计"，以及后疫情时代酒店业如何在危机中寻求行业转型、创新发表了自己的看法。

客人对酒店最基本的需求是清洁卫生，近些年在鼓励行业新业态的发展中，一些企业反而忽略了消费者的基本需求，甚至曝出五星级酒店"毛巾门事件"，广受市场诟病。

疫情后人们对入住酒店有了更高要求，尤其是在清洁卫生的基本需求方面，企业必须直面消费者的基本需求，才能有更好的发展机会。随着科学技术的发展，酒店可从多方面寻求解决方案，如：安装酒店房间新风系统，对空气质量进行量化测量，提示床上用品洁净指数等，以直观的检测仪表等方式让消费者放心使用。

疫情过后，预计"酒店+康养""餐饮+健康"等系列产品会受到更多关注。

摘自：刘星彤，《羊城晚报》，2020年3月2日第A11版。

 案例 3

后疫情时代的"云旅游"营销

近日，飞猪上线了帮助旅游商家解决困境的钉钉云课堂，其中在微观层面给酒店商家提出了如下建议：

疫情过后，应考虑产业升级转型。不光是做第三产业，也可涉足第二产业工业消费品、当地特色农产品开发，避免一旦环境变化则业务完全停摆的被动。建议业务结构要有对冲性，避免单一，可参考北京故宫文创产品的经典案例，即便旅游业务全部停摆，依然有文创业务可以运营，文化和旅游结合后的新文旅产业会朝着产业多元的方向发展。

此外，应做渠道转型。此前不少单体酒店、民宿完全不做线上拓展，靠口碑生存，经过此次疫情后，应做线上运营，并将线上线下结合起来做业务拓展。

最后，酒店应更多地关注新媒体、新渠道、新营销，把握新的商业机会。疫情期间，机会仍将存在而且很多，在不能出门的前提下，人们会将更多时间放在线上，"云旅游"正火。而这种疫情期间的营销，会在疫情结束后变成实际的消费。

摘自：刘星彤，《羊城晚报》，2020年3月2日第A11版。

理论知识

做销售除了产品定位（销售对象、目标客户群）、定价（房价）很重要外，还要注重产品的选择，注重产品的销售形式和渠道，注重销售策略、方法、时机（销售时间和场合），掌握销售技巧，实事求是，运用口碑和售后联络服务，充分了解自身具有的优势和资源，了解竞争对手，做到知己知彼，注重团购、批发等销售模式。如案例1表明除了要精准定位抓住目标客户群外，还要创新产品，创新孵化自营品牌。案例2表明消费市场对国内酒店的产品服务标准和卫生安全标准提出了更高的要求，成为营销能否成功的必然诉求。

记得2005年9月底，杭州《都市快报》上曾连续好几天出现了上海四季酒店针对国庆节假期所做的住宿促销和品牌宣传广告。为测试这种销售渠道和方式的促销效果，还专门准备了精美的礼物送给通过此方式获得酒店相关信息而订房的客人。当时杭州的高端酒店品牌是香格里拉和凯悦，浙江的高消费人群对四季品牌还不太熟悉。上海四季酒店选择在杭州的主流媒体——《都市快报》上做客房促销和酒店推广，说明浙江的高消费人群是四季酒店的潜在目标客户群。有迹象表明，法定假日期间入住上海高星级酒店的这部分客源比例呈上升趋势，如同法定假日杭州星级酒店的客源主要来自上海和浙江本地一样，值得上海的高星级酒店做开拓和销售尝试。

过去常通过报纸媒体来宣传促销，现在针对目标客户群酒店更多的是通过各种网络和流量渠道，以及公众号、新闻信息来宣传促销，同时做好平时的客源拜访、沟通维护，抓住每一次的商机。与此同时，酒店更需要做好对住店客人的接待服务，提高口碑和自身竞争力。

能力训练

前台的销售主要是指针对步入客的销售。对待不同类型的客人，销售的侧重点是不同的。两人一组，一人扮演外地来旅游的客人、第一次来的公司客人或国外来的散客，一人扮演前台接待员，进行线上线下酒店产品的销售练习。

⚲ 项目四　客房销售

任务一　客房销售技巧

一、礼貌称呼客人，努力识别出客人的真实需要

礼貌称呼客人，这是销售和服务的良好开端。问明客人有入住的需求后，可进一步问清客人的住宿时间、住宿天数和数量等对住宿的基本要求，以决定下一步如何进行销售以及可给予客人的优惠幅度。

二、以客人的利益为主，销售适合客人需要的房价和房型

首先，前台员工从一开始就需要站在客人立场上，考虑客人的实际承受能力，设身处地地为客人考虑、安排，通过描述客人可能会接受的房间情况以及酒店当下推出的各种具体促销活动（如果没有优惠或者房价不可以再便宜则可以进行合理的解释），真诚地帮助客人，比如可以安排较好的房间等，使客人容易接受。笔者认为，在销售时如能真正为客人着想，给予客人合适的价格、合理的解释和较好的安排，有乐于助人的那份心，能热情地、耐心地为客人服务，即便销售不成功，也是最好的销售。

因此，前台员工要做到熟悉产品、扬长避短、因势利导，并尽量做到实事求是，从有利于客人的那一面去进行销售，从产品本身具有的价值和别人不具备的实用性方面去进行销售。

三、善于用语言描述房间的价值而不是价格

通常情况下，酒店是基于诸如房间装潢、面积大小、房间位置、景色、家具、设备配备等差异在价格上划分级别的。因此，前台员工应熟悉这些差别，了解所述客房的特色、不同房型、房价的区别以及竞争酒店客房产品的情况和区别，才能把握客人对房价和客房产品的质询，让客人信服。另外，还可以从客房具备的独一无二的资源的角度、舒适度、安静度、实用度、物有所值度、尝试的角度等方面去诠释房间的价值。为了让客人接受房价和房型，前台员工必须知道该怎样具体描述客房及酒店的设施和服务。

四、把握客人的不同心理

把握客人的心理和不同的特点、情况，使用适当的语言或方式方法使客人感受到你的诚意和努力，就能促成销售。

在销售时，前台员工可提供各种房间的自然特征、优惠条件、方便或价值所在之处等信息。客人可能在听完这些描述后会在他能接受的或偏好的房型上做出选择，然后就具体的房价和可享受的优惠幅度与前台员工讨价还价。这时如能适当降点价，实在不能降价的话要注意给予客人适当的说法和做法，比如进一步向经理请示能否有更

好的价格，或送一份欢迎果盘，或给予公司客人的待遇，或表示会尽力给他安排一间较好的房间或位置等，让客人感受到你的努力和诚意，都会促成客人的好感而住下来。

另外，运用人的心理，比如有时贪小便宜的心理、要还价予以满足的心理等，以及客人的一些特点来进行销售。如向度蜜月或度假的客人强调蜜月、度假的机会是不多的，何不住得好一点，以及现在优惠促销力度较大等，来促使客人愿意住下来。

这里要说明的是，通过前面对房价、房型、房态模块的认识，不难知道有时同一间客房，销售出去的价格会有很大的差别；同一种房价，房间安排上也会有很大的差别。因此，只要不扰乱正常的价格体系并给出恰当的解释，对于再降低点房价就可促成的销售（拿房价渠道的不同）很多酒店还是可以接受的，因为步入客的房价毕竟要比旅游团队的房价高很多。

五、其他销售技巧

对商务客人、公司客人的销售，可通过向客人要名片、企业微信，或介绍给销售部等方式使客人最终决定住下来，这样也能使酒店多争取到一个新的客源单位和市场。

概括地说，在销售客房时要注意以下几个方面：

第一，推销的是客房的价值而不是价格，要让客人感觉到是值得一试的。

第二，要从有利于客人的角度揣摩客人的需要来介绍产品。

第三，可通过语言技巧、赠送早餐或其他优惠活动、安排较好的客房、当着客人的面向领导请示更低价等方法，使客人最终决定住下来。

第四，可以询问了解客人的公司名称与情况，然后介绍销售部员工出来跟客人谈。销售部一般会给予公司协议价或当天的最低步入客价（当然这样的价格无论如何还是比团队价格要高得多，也比给中介的价格要高）。

第五，对客房的销售，具体应视自己的权限、酒店的政策、当日客房出租率的高低、时间的早晚、客人的具体情况（如住宿时间会较长或者数量较多）、新的客源市场、潜在的长远利益等，进行灵活销售。

第六，熟悉酒店各类房型特点，详细掌握当前线上线下的各项优惠促销活动，能迅速而有针对性地为客户定制客房和其他有利于客人的酒店产品，能熟练操作酒店Opera或PMS等系统。

任务二　数字化营销

网络通信技术和智能移动终端的快速发展，使得酒店从传统的营销方式逐渐转入数字化营销方式。不少酒店通过各类App、微信平台，以及抖音和小红书等社交媒体平台等进行客房的销售和推广（见图6-3）。同时，不少酒店引入专业管理系统，通过数字化协同、数字化营销、数字化运营等来辅助酒店进行营销活动，采用"住前、住中、住后"全链式营销来达到获客、增购、复购、增收的目的。例如，同程艺龙集团开发的金天鹅2号店长酒店数字化增长系统，把酒店成功运营模型与数万家酒店的实践经验转化为数字化运营管理系统，用以辅助酒店获客、留客、锁客，提升酒店收益，同时减少对销售能人的过度依赖（见表6-1）。

图6-3　金天鹅2号店长微信订房界面

表6-1　金天鹅2号店长酒店数字化增长系统

获客			留客		锁客		
周边派券	注册送券	首住礼	续住优惠	支付即会员	支付送券	分销有礼	积分商城
官渠最低价	连住优惠	大屏营销	100项管家服务	客户识别转化会员体系		客户生命周期关怀	

　　客人从进店那一刻起，酒店各部门就应相互配合并服务好客人，把客人留下来，产生持续消费和转介绍他人来店消费。酒店从各项数据中可以发现问题和机会，调整决策，不断优化运营能力并实现增长。

案例导入

微信小程序贡献约79.6%平均月活跃用户

　　截至2021年9月30日，同程艺龙的在线平台提供超过9000条国内航线、约2.2百万家酒店及非标住宿选择、超40万条汽车线路、逾710条渡轮线路，以及约8000个国内旅游景点门票服务。

　　2021年第三季度，微信小程序为同程艺龙贡献了约79.6%的平均月活跃用户，其中大部分流量来自微信支付界面以及用户最喜爱或最常用小程序的下拉列表。

摘自：https://mp.weixin.qq.com/s/3Yke9q4TM9e-B9ud5oajUQ. 2021-11-24.

👤 **课堂练习**

　　根据表6-1和图6-3中的内容以及微信小程序的使用现状，谈谈数字化营销背景下前厅部要做哪些新工作、新内容。

👤 **能力训练**

　　1.对已经住过酒店的客人，在查看了电脑内其历史档案（住过的房价和房型）后，你该如何进行销售？销售思路是什么？

　　2.对自称是常客要求打折，而酒店历史档案中又找不到任何记录的客人，你该如何进行对客销售？

👤 **思考与练习**

　　1.你会销售自己吗？你销售自己的技巧或策略是什么？

　　2.请查阅相关资料，谈谈你对做好OTA线上营销工作的认识和看法。

　　3.如果让你来销售不同房型的客房，你会怎么做？

6-4
学生作品：销售其他房型和酒店产品

6-5
学生作品：泰国东方饭店的销售

6-6
学生作品：酒店客房销售

模块七 报表数据与文章初步分析

学习目标

⊙ 知识目标

1.了解学习如何看报表,能进行数据分析。

2.了解学习如何看文章,能做初步的分析。

⊙ 能力目标

能初步分析酒店数据报表与文章。

⊙ 开胃小练

《五环之歌》,为什么突然火了?

7-1
开胃小练

思考分析

课堂训练1

讨论分析:因为智能手机的使用率高、使用范围广,因此而衍生出了哪些新产品、新业务、新岗位?

7-2
课堂训练

课堂训练2

表7-1展示了杭州某酒店的房型价格对比情况,你能从该表中看出什么?能够得出什么结论?请填写完成该酒店各房型对应的APP价、微信小程序价。

表7-1 杭州××酒店房型价格对比

单位:元

房型	挂牌价(门市价)	网上订房优惠价	步入客价	携程价(Ctrip)	周末价	公司协议价	APP价	小程序价
商务标准房	980	468	498	388	418	358 最低:338		
商务大床房	980	468	498	388	418	358		
行政标准房	1688		588	458	458	428		
行政大床房	1688		773	458	458	428		
情侣大床房	980	468	498	388	418	358		
情侣标准房	980	468	498	388	418	358		
行政套房	2888		1733		1733	1188		
豪华套房	5888		3888		3888			

📍 项目一　客房营业报表分析

在模块四中我们已经学会了客房营业报表中一些营业指标的计算方法。你不仅要学会做这些报表，更重要的是要学会分析客房营业报表（见表7-2）等各类营业报表，了解酒店的营业状况并知道下一步应该做什么。

表7-2　客房业绩报告表（第一部分）

时间：2020-11-25

房态	当天	月累计	去年今天	去年月累计
客房总数/间	247	6175	247	6175
维修房/间	1	544	6	484
自用房/间	5	150	7	172
可卖房/间	241	5481	234	5519
免费房/间	9	64	0	39
住房总数/间	235	3663	155	3306
住房率	95.14%	59.32%	62.75%	53.54%
客房总收入/元	91452.52	1325985.37	58342.91	1294396.05
住房平均房价/（元/间）	389.16	361.99	376.41	391.53

 课堂练习

从表7-2中，你可以看出哪些情况？

📍 项目二　看文章，做分析

 课堂练习

阅读文章1，完成思考分析：

1.文章中有哪些专业术语？是什么意思？＿＿＿＿＿＿＿＿

2.你从文章中获得了哪些信息？至少写出5点。＿＿＿＿＿＿＿

3.这篇文章对你的启示是什么？＿＿＿＿＿＿＿

7-3
教学视频：一起来
做报表分析

7-4
阅读文章1，完成
思考分析

文章1

聚焦下沉市场流量增长，同程艺龙将加大对酒店及目的地投入

2020年OTA行业的"例外"

2021年3月23日，同程艺龙发布年报：2020年，同程艺龙全年实现营业收入59.33亿元，同比下滑19.8%；年内经调整溢利为9.54亿元，同比下滑38.2%。

放在往年，这不能算是一份优秀的业绩报表。但在全球抗击新冠疫情的2020年，同程艺龙的表现可谓亮眼。对比境内外上市的OTA企业，携程、Expedia、途牛等均亏损；Booking集团虽然年度实现盈利，但同比下滑幅度达到99%，全球OTA行业损失可谓惨重。

而在深耕下沉市场、广拓流量渠道的打法下，同程艺龙在2020年年付费用户实现同比增长1.8%，达到1.55亿。财报发布后第二天，同程艺龙股价低开高走，实现上涨。

3月24日的媒体沟通会上，久未露面的同程艺龙CEO马和平透露，同程艺龙将在汽车票、目的地及下沉市场方面进行更多有益的探索。

全球唯一连续四季度盈利的OTA

尤其是第一季度，全球OTA企业都因疫情深陷亏损的泥沼。在所有上市OTA企业中，同程艺龙是唯一在2020年四个季度均实现盈利的企业。

马和平认为这主要有三方面的因素：

其一，国内疫情刚开始暴发、实现大规模严控时，春运过去了上半场，而同程艺龙抓住了这前半段的红利。

其二，下沉市场的迅速恢复驱动着同程艺龙业绩的回暖。在2020年2月中下旬的时候，国内疫情防控取得了较好的进展，到了3月政府已经开始逐步放松监管，旅游市场已有复苏迹象，尤其是在下沉市场。"我们在去年3月考察国内市场的时候，发现中国下沉市场的本地消费比一线城市要旺盛得多。"马和平表示。

其三，同程艺龙对于市场的敏锐把握。马和平进一步解释说，比如在北京新发地出现疫情之后，北方市场的旅游活跃度大幅度下滑，但要注意到华南、西南市场的活跃度表现不错，同时企业还要协调好内部人员，这样才能抓住瞬息万变的市场机会。

在熬过艰难的第一季度之后，随着国内跨省游的开放，居民出游信心的增强，同程艺龙的业绩复苏进程加快。同程艺龙在2020年第二季度、第三季度的经调净利润分别达到1.96亿元、3.72亿元，第四季度受传统淡季及各地零星疫情的影响，净利润相比第三季度有所下跌，但也达到了3.07亿元。

另外在成本把控上，同程艺龙也采取了一定的措施。根据2020年财报，同程艺龙依靠技术提效，订单处理成本、采购成本等销售成本，以及广告与推销开支等，相比2019年均有所下滑。

从同程艺龙的营收细分来看，2020年同程艺龙60%左右的收入来自交通票务，30%左右的收入来自酒店。实际上，对于OTA来说，交通票务尤其是机票业务本身并不挣钱，其利润主要来自围绕着交通的增值服务。

根据浦银国际发布的相关调研报告，住宿预订的变现率在9%左右，高于交通票务3%的变现率。因此交通票务更多的是提供了流量入口，酒店住宿才是核心盈利产品。

同程艺龙在2020年的毛利率达到自上市以来的最高数值。同程艺龙毛利率的上升得益于多方面的因素。第一，来自酒店预订营收占比相比2019年的提升；第二，技术的运用使得运营效率提升，且在成本方面能做到极致的控制；第三，票务规模的上升让同程艺龙在供应链方面拥有较大的议价权。

同程艺龙"其他业务"板块营收占比的提升也是其毛利率提升的重要原因之一。翻阅历年财报，同程艺龙"其他业务"板块营收占比由2018年的3.7%上升至2020年的8.7%，而且2020年起"其他业务"板块实现营收5.16亿元，与2019年5.17亿元的营收相差无几。据悉，"其他业务"板块主要由景点门票、广告服务收入、配套增值用户服务构成。

在酒店及旅游景区方面的探索

相比于交通票务市场，马和平认为OTA在酒店领域有更大的施展空间。就目前而言，中国酒店无论是其连锁化率还是在线化率都还处于比较低的水平。尤其是在下沉市场，还是一片待开发的"蓝海"。

马和平透露，对于住宿业务板块，同程艺龙会围绕酒店（预订）高增长和赋能产业链两大战略打造同程艺龙的酒店生态。

在酒店（预订）高增长方面，同程艺龙财报透露，2020年第四季度，同程艺龙国内间夜销售同比增长21%，其中来自低线城市的同比增幅超过30%。

而在产业赋能上，同程艺龙先后投资多家酒店管理公司进行探索。近期，同程艺龙完成了对珀林酒店集团的投资，更早之前则投资了艺龙酒店管理公司、美程酒店管理公司和杉丽酒店管理公司等。

据悉，美程酒店管理、艺龙酒店管理、杉丽酒店管理都处于"从0到1"的探索阶段，这些酒店管理公司的外部创业团队得到同程艺龙投资，彼此之间相互独立，同在同程艺龙平台上成长；三者目前均定位于中端酒店，主要覆盖下沉市场，且彼此之间覆盖的区域会有所不同。

马和平表示，看别人做酒店犹如"隔靴搔痒"，不得经营酒店之法，不懂酒店运营之痛。而同程艺龙旗下拥有的PMS平台住哲云以及酒店供应链平台同驿商城等，都可以为中小酒店线上管理运营实现赋能。同程艺龙希望用三到五年的时间，找到赋能酒店行业的正确方式。

近年来，携程、美团等都在加大对下沉市场的投入。不过马和平认为，同程艺龙相对于其他OTA平台在下沉市场的核心竞争力在于团队的打造，以及对下沉市场的认知。

"下沉市场做酒店，在管理、运营、收益、营销等各方面均与一线城市的打法完全不同，而同程艺龙在这方面已有多年的经验探索。"马和平表示，配合正确的策略及市场布局，同程艺龙有非常大的信心去面对竞争。

另外，同程艺龙也开始加大对旅游景区的投入。2020年疫情期间，同程艺龙帮助中国300个左右的城市打造了"全域通"方案。在目的地景区的战略上，马和平将其分为三步，目的地营销、资源整合，以及资金投入。

其中，在目的地营销方面，同程艺龙将酒店的解决方案复制到旅游目的地上，目前已经有包括景区后端的信息化、营销SaaS化等在内的一整套景区产业链解决方案。在资源整合方面，马和平透露同程艺龙将重点关注小众旅游目的地，"其实很多下沉市场都有着丰富的旅游资源，但由于营销及旅游配套（如酒店）的缺失，鲜少有用户关注或者到访。"

在资金投入方面，当同程艺龙关注到某个城市有很好的旅游资源，且需要投入大笔资金进行改造的时候，马和平表示同程艺龙会考虑提供相应的资金支持，毕竟不是所有的政府都有大笔的钱去进行开发建设。

另外，在组织架构调整方面，2020年末同程艺龙将酒旅事业部合并。马和平表示，此次调整是基于对用户需求的洞察，以期获得更佳的协同效益，并进一步提升交叉销售。

同程艺龙的流量多元化探索

在危机四伏的2020年，携程、美团、同程、飞猪等OTA企业还有着流量焦虑。一方面，小红书、抖音等社交媒体平台不断杀入旅游交易领域；另一方面，OTA平台与上游供应商的流量博弈在明争暗斗中持续进行。

同程艺龙获取流量的主要方式在于深耕线上线下流量，以及通过强化品牌认知，抢占年轻人的用户心智。在强化品牌方面，2020年4月，同程艺龙推出新品牌"同程旅行"、新品牌标志及新口号，以输出年轻时尚的品牌形象，进一步锁定年轻用户。另外，同程艺龙在2020年还花费巨资用在赞助热门综艺（如《奇葩说》）及剧集上。

在深耕线上流量方面，首先同程艺龙继续加大与微信的合作，在生态圈内挖掘业务潜力。与微信的独家合作，为同程艺龙贡献了大部分流量，尤其是帮助同程艺龙很好地获取了流量战略高地——下沉市场的流量。财报显示，2020年同程艺龙约61.7%的微信平台新付费用户来自中国三线及以下城市。

此外，同程艺龙还在拓展更多的非微信的线上流量渠道。比如同程艺龙与快手、手机厂商、拼多多电商平台等进行合作。

在线下流量渠道方面，同程艺龙通过在全国各地低线城市部署汽车票自助机、酒店前台扫码等方式，为同程艺龙带来了大量新增付费用户，而汽车票业务于2020年为同程艺龙贡献了1500万的付费用户，其中60%以上是新增用户。

"2020年第四季度，同程艺龙平均月活跃用户中非微信渠道较2019年同比提升了24%。"马和平表示，同程艺龙不会仅仅关注某一个渠道的流量。另外，同程艺龙CFO范磊透露，从线下渠道获得的用户基本都会转化为付费用户，而线上活跃用户变成付费用户，则转化率相对线下较低。

范磊最后补充道，预计通过在线上、线下多种渠道，以及下沉市场的持续发力，同程艺龙将在2021年实现用户数量和用户使用频次的双增长，预计2021年用户的使用频次至少恢复至2019年的同期水平。

作为2020年国内唯一实现盈利的上市OTA企业，手握18亿元的现金及现金等价物的同程艺龙表示将用这笔钱来赢得更广大的市场，主要用于投资下沉市场、继续线上精准营销、品牌打造，以及会员权益探索等方面。无论如何，同程艺龙能够在2020年逆"势"实现盈利颇为不易，希望在新的一年能交出更好的答卷。

摘自：https://mp.weixin.qq.com/s/UG_Sm79fSV4K9fPrYKMByg. 2021-03-25.

张润钢："误入"酒店四十载

星级饭店还有机会吗？

每到年末，张润钢都会写一篇酒店业的发展综述——他自己称为"豆腐块"——记录和思考这一年酒店业发生的变化。他说，以后没人看了就不写了。

这个惯例是从2016年开始的。彼时，张润钢算是半条腿迈出了供职了12年的首旅集团，离正式卸任只差一纸公告。而首旅集团也在2016年完成了私有化如家的征程，中国三大经济型酒店集团格局落定。

从首旅集团总部到中国旅游协会，办公地从北京民族饭店搬到北京国际饭店这段距离张润钢用"翻篇"来形容。

"离开体制了。"不过张润钢还继续操着中国酒店业未来发展的心，很多旧时的习惯也一并带到新的工作当中。张润钢的办公桌上压着一张月历表，每天的工作往上面一记并同步到手机的日程中，他说同步率能高达99%，保证不忘事。在办公室一角的杂货间里，这样的月历表已经有超过1厘米的厚度，"家里书房还有很多，以前的也存着。"

张润钢与中国酒店业结缘将近40年。从1983年赴瑞士洛桑酒店管理学院（以下简称"洛桑"）学习开始，到经历昆仑饭店、中国银行、国家旅游局、首旅集团、中国旅游协会，他如同一部行走的录影机般见证着酒店业的变迁。

2020年末，张润钢和环球旅讯CCO王京聊起了过去40年的老故事。张润钢不太喜欢正儿八经的采访，他习惯把酒店称作"饭店"，这也许是老一辈酒店人的某种情怀和坚持。结合"老王Vlog"，环球旅讯通过资料收集和分析，试图展示张润钢以及中国酒店业的另一面。

误打误撞进入酒店业

1978年7月，北京大部分日子烈日当空，鸣蝉聒噪。沉寂了十年的高考恢复并在夏天举行，全国610万考生迎来了命运关键转折的三天。

张润钢也是千军万马过独木桥的一分子。很遗憾，他没有考上第一志愿北京大学，也没有考上第二志愿的北京师范大学和中国人民大学，和心仪的中文学、历史学失之交臂。为了高考，张润钢下了"死功夫"学习，过程很认真，但数学不好是他的人生"污点"，至今仍会做"高考马上要考数学了但没有做好准备"的梦。

这不是一个天才故事的开场，平淡、真实。改写人生往往需要一些运气。彼时刚刚建校不久的国际政治学院（后改名"中国人民警官大学"）需要生源，张润钢抱着"有学上就好"的心去那儿读了法语专业。四年后，一向认真的张润钢凭着优秀成绩留校任教。

1983年3月，当时桂林旅游的导游人才缺位，因为学校和桂林国旅的合作，作为会说法语的青年教师骨干，张润钢被外派到桂林当导游。

那一年，国家旅游局把国宝级文物"马踏飞燕"作为中国旅游业的"图腾"，象征着中国数千年灿烂文明和旅游业发展的前程似锦，吸引并欢迎全球旅行者的到来。后来人们通过统计数据才发现，这是中国入境游黄金10年的开端（见表7-3）。

表7-3　1978—1988年中国入境旅游情况

年份	旅游入境人数 /千人次	年增长率 /%	旅游收入 /百万美元	年增长率 /%
1978	1809.20	—	262.90	—
1979	4203.90	132.4	449.27	70.9
1980	5702.54	35.6	616.65	37.3
1981	7767.10	36.2	784.91	27.3
1982	7924.26	2.0	843.17	7.4
1983	9477.01	19.6	941.20	11.6
1984	12852.19	35.6	1131.34	20.2
1985	17833.10	38.8	1250.00	10.5
1986	22819.45	28.0	1530.85	22.5
1987	36902.27	17.9	1861.51	21.6
1988	31694.80	17.8	2246.83	20.7

资料来源：《中国旅行社业发展的回顾与前瞻》。

不过，还来不及欣赏漓江山水的四季变化，两个月后学校一通电话又将张润钢连夜召回了北京。

绿皮火车从桂林一路咣咣当当到北京，整整36个小时，一路上张润钢担心着家里是否出大事，谁知前来接车的母亲和姐姐，见面就焦急地问："你是不是出事儿了？"

到家不到半小时，学校人事处处长就带着几个人来找张润钢。把家里人请出屋子之后，人事处处长神秘而庄重地告诉张润钢：国家让你出国学习，去瑞士，学饭店管理。

饭店管理，在那个中国只有招待所的年代，是个非常新鲜的概念。

1979年，北京仅有7家涉外饭店；1983年，船王包玉刚到北京出差找不到合适的落脚处，日益增加的接待需求和遍地脏乱差的招待所之间的矛盾越发突出。同一年，北京喜来登长城饭店开业，外资品牌开始试水中国这块处女地；千里之外的南京，中国第一高楼金陵饭店拔地而起；再往南走直达广州，由中国人建造、中国人管理的白天鹅宾馆也在珠江边上揭开了神秘面纱。

现代饭店，开始起风。

1983年，由国家某部牵头的昆仑饭店也在紧锣密鼓地筹备当中，目标是建立一间硬软件都在全国首屈一指的饭店。当时的部领导认为，一家高水准现代饭店的管理者应该接受过系统化的酒店知识和实操培训，最好有海外学习经验。于是便从全国各高校挑选优秀青年共11名送到世界各地最好的酒店管理学院学习，因为法语专长，张润钢便被安排前往当时只用法语授课的洛桑。

1983年7月13日早上8点，北京下着小雨，张润钢登上了飞往瑞士的飞机，直到北京时间次日凌晨才到达夕照下的苏黎世。这是张润钢第一次坐飞机，第一次出国。从正式接到通知到登机，张润钢花了近两个月的时间在消化这件大事。在那个年代，进五星酒店工作不亚于今天阿里巴巴、腾讯的高级管理者，能出国见世面更是天上掉馅饼的事情。

在出发之前乃至之后的很长一段时间里，张润钢并没有把酒店管理当成自己一辈子的事业。他在大学沉迷于研究法国文学，甚至计划要把研究进行到底才决定留校任教。到了洛桑，常常是老师在示范教室里教学生煎牛排、做土豆泥，张润钢在底下偷偷地翻法国文学的书。

尽管张润钢是怀着精进语言和出国镀金的虚荣心出的国，但绝大部分的课他还是好好上了。当时的他并没有想到，命运撞了一下文学青年的腰，往后的人生轨迹完全改变了。

1986年，北京朝阳区新源南路，昆仑饭店盛大开业，学成归来的张润钢跳过了酒店繁复的基层工作，直接进入管理层。这家日后名流云集的酒店，还找来了海岩出任昆仑饭店董事、副总经理，这则是另一段五星大饭店的故事。

评星那些事儿

张润钢在昆仑饭店的10年，是中国星级饭店最好的10年，这种势头一直延续到千禧年甚至是北京奥运会。

改革春风吹满酒店业，外资、中外合资的高星酒店不断向中国一线城市的天际线发起挑战。1989年出版的《中国旅游涉外饭店名录》显示，当年全国旅游涉外饭店1000余家；而根据中国统计年鉴，截至1994年底全国涉外饭店共2995家。5年时间翻了将近3倍。

在政府、民间接待需求和地产增值需求同步暴涨的年代，星级饭店迅速成为一座城市商业和文明的标的。但现代饭店在国内起步的时间短，各地大举修建、楼堂馆舍成风的同时，设备设施、服务、卫生等标准参差不齐。什么是五星饭店，急需一个标准。

1988年，国家旅游局决定引进国际通用的"星级饭店评定标准"，并邀请国际旅游专家、西班牙旅游企业司司长费列罗来到中国，参照国际官方旅行组织协会的《旅馆等级标准》，制定《中华人民共和国评定旅游涉外饭店星级的规范和标准》(以下简称"星级标准")。

星级标准的出炉有绝对的里程碑意义，中国饭店业第一次有了官方的参照标准。今天司空见惯的彩电，当年是三星饭店才有的必备品；而五星饭店被形容为"亲切快意的小社会"，有最豪华的设备，不止于住宿，还是社交、会议、娱乐、购物等活动的中心，当然收费也是绝对的贵。

1989年6月，第一批星级饭店名单出炉，名单上三星及四星饭店共8家，全部出自广东，五星饭店缺席；10月，第二批113家星级饭店名单出炉，昆仑饭店和接待过美国总统里根的长城饭店一起被评为四星饭店，五星饭店再度缺席榜单。

1990年，中国终于评出第一批五星级酒店，广州的白天鹅宾馆、中国大酒店和花园酒店成为当时中国酒店皇冠上的三颗明珠。在那个大众缺少品牌意识，而酒店业几乎没有绝对知名品牌的年代，"星级饭店"这四个字就是品牌，五星饭店更是夜空中最亮的星，是大众心里那块高攀不起的金字招牌。

2000年，张润钢结束了在中国银行负责酒店资产管理的工作，到了国家旅游局管理司，负责饭店业的监督管理工作。正是在此前后的时间段里，饭店业进入了深刻变革的前夜。

一方面，各地对于星级饭店的兴建热情依旧高涨，参照星级标准建好饭店之后，往往软服务和硬件之间的差异巨大，大量星级饭店仍旧用着招待所风格进行管理和运营。

另一方面，星级标准中存在着大量的模糊定义和提示不足。"酒店该有的东西都有了，但是这些东西应该发挥什么样的功能，给用户提供什么样的体验？"张润钢在回忆中反思，"一些饭店的淋浴，要么迟迟不出热水，要么水压不足一会儿冷一会儿热；高星级饭店规定了客房的面积，但没有提示客房要隔音。"

简单来说，星级饭店光有皮囊，管理运营层面没有清晰可执行的标准SOP，缺少对用户体验的关注。2003年，星级标准做了一次较为明显的修订，除了不再提"涉外"概念，也从过去强调"星级酒店该有什么"转变为在这个基础上强调"应该发挥哪些功能"，甚至关注到毛巾的支纱有多少这样的细节。

"但放到今天来看，现有星级标准在继续发挥引领行业作用方面，已经无能为力了。"张润钢感叹道。再回头看中国第一批四星、五星级酒店，情怀滤镜仍在，服务水平不减，但在众多国际奢华和新兴品牌的冲击下，光环已经弱了些许。

星级饭店带着原罪走下神坛

2013年，限制三公消费，高星酒店的经营首当其冲。星级饭店摘牌潮也顺时到来。

以2008年为分水岭，星级饭店进入负增长时代；而限制三公消费后，饭店摘星则更为激烈，截至2013年底星级饭店共13293家，次年开始又进入了"跌跌不休"的状态，截至2018年底仅剩8962家，共计摘星饭店超过4000家（见图7-1）。

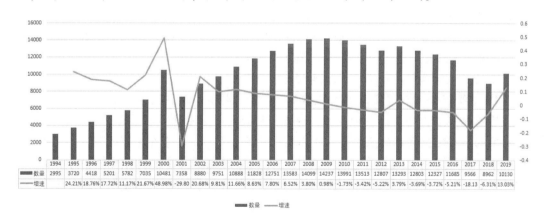

	1994	1995	1996	1997	1998	1999	2000	2001	2002	2003	2004	2005	2006	2007	2008	2009	2010	2011	2012	2013	2014	2015	2016	2017	2018	2019
数量	2995	3720	4418	5201	5782	7035	10481	7358	8880	9751	10888	11828	12751	13583	14099	14237	13991	13513	12807	13293	12803	12327	11685	9566	8962	10130
增速		24.21%	18.76%	17.72%	11.17%	21.67%	48.98%	-29.80	20.68%	9.81%	11.66%	8.63%	7.80%	6.52%	3.80%	0.98%	-1.73%	-3.42%	-5.22%	3.79%	-3.69%	-3.72%	-5.21%	-18.13	-6.31%	13.03%

数量 ■ 增速 —

图7-1 1994—2019年中国星级饭店统计情况

数据来源：中国统计年鉴。

虽然到了2019年，星级饭店的总体数量又上升到1万家，但放在国内酒店市场来看，无论是规模还是代表意义都日渐削弱。根据《2020中国酒店业发展报告》，截至2020年1月1日，全国住宿设施单位为60.8万家。

与之相反的是，自如家、7天、汉庭等经济连锁酒店品牌上市开始，在资本的助力下，统一的VI设计、标准运营管理服务流程、加盟的商业模式以及品牌营销、会员权益、在线预订等新玩法进场，经济型酒店以一种颠覆传统星级酒店认知的方式扩张着。

而进入2013年之后，中产、消费升级等概念的兴起以及三公消费限制的影响，中端酒店需求爆发，品牌全面开花，全季、亚朵、君亭等更具文化符号、消费细分的品牌成为酒店投资热土。

所谓的星级饭店渐渐沦落为时代背景，而后来的高端酒店在适应新时代需求上也是力有不逮。其中，高端酒店定位的一部分目标人群在消费降级，而供给只增不减，高端酒店整体处于盈利困难的状态。即使是给一些高端酒店做减法，定位多元用户，走有限精品服务的路线，一则面临来自中端品牌的挑战，二则原先定位的用户对于全服务仍有需求，说不定会捡了芝麻丢了瓜。

张润钢认为，这一切都是缘于星级酒店的"原罪"，先天不足，后天难补。2020年底，张润钢在年度总结里特意列了星级饭店的"四宗罪"：星级饭店诞生于计划经济时代，招待所基因难以改变，市长+地产商驱动的模式使得星级饭店从根本上就与正常的现代商业逻辑形成脱钩；从运营上看，过去对欧美经验全盘吸收，缺少辩证，SOP教条化严重产生的成本已成为酒店的隐秘角落。

如今对酒店来说，参与评星的热情已经大大减退。按张润钢的预判，现有星级饭店的模式走向衰落是不可逆转的过程，"星级饭店这身衣服，已经不适合行业的身体了，但是怎么改还没有定论。"

星级饭店整装再出发

2020年，新一届全国旅游星级饭店评定委员会在北京成立，由在业界德高望重的段强担任主任，而张润钢则出任副主任委员。

2021年3月17日，文化和旅游部正式将持续了不短时间的星级标准修订的工作委托给全国旅游星级饭店评定委员会，62岁的张润钢再次披挂出征。

要为星级饭店制定新标准，难度之大可想而知。

"有些地方酒店还需要在这个星级标准下面对付着。现在大家对于三星及以下星级已经没有念想了，而想继续评或想新评五星的饭店更多不是出于经营的需求。"对于星级标准的修订，张润钢的基本看法是不能一棍子打死，但要有突破性的创造。

回头来看，星级标准每隔几年修订一次，而最近一次修订的时间是2010年。张润钢感叹，过去10年中国酒店业变化之巨大，远超自标准诞生的1988年至2010年那20余年的总和。

其中不得不提的是，以OTA为代表的线上企业深刻影响着住宿业，不论是渠道变革、数字化转型，还是资本运作，在关键环节都掌握着不小的话语权；而传统一个一个的住宿单位，已经从行业的全部变为局部。星级饭店的含金量在时代的潮流中每况愈下，消费者习惯通过品牌而非星级来选择酒店，行业效益长期不佳的背景下为评星达标而增加的投入已经成为一些酒店的负担。

"修订的核心是让酒店感到新标准能带给他们有益的引导和切实的收益。在现有的框架下简单地增减已经不能有效面对行业现状，也难以回应酒店的呼声。"至于接下来怎么做，张润钢正在思考标准框架和实施路径。"除了高端饭店，更要着眼于数量更为广泛的中低端阶层，好的标准一定要赢得业界广泛参与。"可能在相当长的一段时间里，比起让新的星级标准来订正发展路径，传统饭店要再度找到存在感，还需自身放下包袱，去看看市场真正需要什么。

2014年深秋，国内第一家瑰丽酒店在京广大厦惊艳开幕，水墨画、琉璃灯、青花瓷，于明亮处、于细节中尽显京城文化、历史之美。业主还是那个业主，但瑰丽酒店一扫京广新世界酒店20余年的陈旧，顺利融入了现代气息十足的国贸区。

2016年底，一直被传将翻牌为英迪格的北京城市宾馆换上了一个几乎没人听过的品牌，设计和格局脱胎换骨，成为社交网络的打卡胜地。CHAO酒店的定位十分有趣，做城市的客厅，直接改变了城市宾馆的国营气息，变成了连接新青年的旅居、时尚、文化平台。

"理论上每个存量都能改，体量大小不会成为革命性变化不可逾越的障碍，但是思维要换。"张润钢如是说。

后记

当初的11位优秀留学生，似乎只有张润钢一直待在酒店行业。

洛桑是张润钢酒店人生的起点，如今品红酒的爱好也是从那个时候养成的。洛桑是全球公认的酒店管理者摇篮，对于学生的教养和优雅管理得无微不至。张润钢常常会讲起两个小故事，一个是他刚到洛桑时在学校走着路听Walkman被一个教宴会管理的老师喊停，另一个是上课忘记打领带被老师请出教室。

作为班上的穷学生，刚到洛桑的时候，组织每个月汇的钱只够张润钢吃三顿意大利面，还不包含小费。每周六晚上，张润钢得去超市里盯着快过期的食品，买发硬的面包和黑了皮的香蕉来过日子。洛桑的老师了解到情况之后立刻给北京打报告。张润钢后来得知，北京开了特别高层的会议，最终决定把当年张润钢在国内领的56元工资等额换成瑞士法郎；老师还温馨地提示班里的其他同学，如果邀请张润钢他们去派对或喝酒，请帮忙付钱。

点滴的感动，对人的关怀备至，对工作的务实，这是后来张润钢一直在酒店管理中实践的理念。回到北京工作后，张润钢邀请了洛桑的老师们免费到北京游玩了十天，回报当初的教育和爱护之情。

如果没有洛桑这趟堪称"奇妙"的经历，或许张润钢的人生又是另一个模样。

如今，张润钢这半辈子做酒店的痕迹都可以在他办公室陈列的一张张照片里找到，每一张照片背后都是星级饭店过去40年变化的故事，有值得高兴的，也有令人叹息的。老照片背后的故事，如果不能好好阅读，或许就难以正确地理解当下中国酒店市场的割裂，而修补也就无从谈起。

至于未来的退休计划，张润钢觉得应该会花很多时间去旅游，对酒店要求也不高，就像他说的，酒店最需要的是亲切的人、舒适的床品、可口的饭菜，不是其他张牙舞爪的东西。

摘自：https://mp.weixin.qq.com/s/19FcozmV7zb5-igXiLrlCQ. 2021-03-24.

课堂练习

阅读文章2，完成思考分析。

1. 你从文章中获得了哪些信息？写出至少5点。

_____

_____

_____

_____

_____

7-5
阅读文章2，完成
思考分析

2. 这篇文章最后得出了什么结论？你的看法呢？

_____

_____

_____

_____

思考与练习

1. 上网观看韩剧《情定大饭店》第1集片头部分，请问你看出了哪些信息可与我们分享？

2. 扫码7-6"作业分享"，谈谈你的体会。

7-6
作业分享：销售+
客房业绩报告分析
+"五最"产品

模块八　投诉处理

学习目标

◉ 知识目标

1.了解客人的投诉心理。

2.了解处理好投诉的重要性。

3.掌握投诉处理原则、过程及其注意事项。

◉ 课前小测

写出10个酒店术语（专业用语）或营业指标。

◉ 能力目标

1.具有处理客人投诉的思路，能根据不同情况妥善处理投诉。

2.会线上处理投诉、意见与建议，快速反应，有危机处理意识。

◉ 开胃小练

酒店如不提供6小件一次性用品，你在对客服务时应提前做好哪些工作？

8-1
课前小测

8-2
开胃小练

♀ 项目一　处理好客人投诉的重要性

案例 1

"对不起，因为以后我再也不想麻烦这家酒店了！"

四星级酒店没有热水

2007年大年初四这天，杭州的刘小姐出发前往千岛湖游玩，中途她打算先在建德过夜。经人推荐，她选择了建德最好的一家四星级宾馆。

"房价打完折是756元一晚。"刘小姐很爽快地在这家酒店住下了。

"晚上10点多，我准备洗澡，但没有热水。给咨询台打了电话，他们答复是烧热水的锅炉坏了，正在检修，稍后就会有的。"

刘小姐一直等着，这期间，她又打了两个电话。宾馆的答复还是烧热水的锅炉坏了，正在检修。等了一晚上没等到电话。晚上12:30，刘小姐第四次拨打咨询电话，这次她已经很急了。"锅炉没修好？那值班经理在不在？"

回答是："在，很忙。"

"那让他有空的时候给我打个电话吧。"刘小姐说。

"一个晚上都没等到值班经理打来电话！真不知道这位值班经理是不是真的有这么忙，在忙什么？修烧水的锅炉吗？更让人不满的是，等到后来，连冷水都没有了！"刘小姐越等越没有耐心了。

刘小姐拒绝打折补偿

第二天一早，刘小姐起床后再次拨打了询问台的电话。一位自称经理的酒店工作人员听了情况以后，前往刘小姐的房间说明情况，被刘小姐拦在门外。

刘小姐说："我马上退房。不麻烦你们了！"

虽然之后酒店方提出给刘小姐"打折房价"的补偿方案，但被刘小姐拒绝了。

至于原因，刘小姐说，既然入住你们酒店就是相信你们的服务，相信酒店的四星级！难道这些问题是"打折"可以解决的吗？

"以后我不想再麻烦这家酒店了。"

商家赔礼道歉被她拒之门外

"那晚空调的抽水泵坏了，所以烧不了热水，空调也失效了。我们修了整整一晚，工作人员都没有睡觉。我们想，问题没有解决，打电话跟她说也没有用啊。"

宾馆销售经理吕先生说："第二天早上，我们三次上门道歉，第一次、第二次是大堂副理去的，第三次是大堂副理和值班经理一起去的，我们提出了房价在756元的基础上再打对折作为赔偿，但她拒绝了。我们也实在没有办法。"

后记

这件事，肯定是酒店处理不当。不论事后做了什么，可是在事发过程中，酒店没有和消费者交流。有时候，缺的就是这个"交流"，缺的就是这份"心意"。所以消费者拒绝了事后酒店的赔偿和道歉，而是找到媒体，把她的经历刊登了出来。

摘自：童杭丽，《每日商报》2008年2月13日第7版。

 课堂练习

写出案例中酒店事故发生以及处理的流程，并逐步分析酒店的应对是否妥当。

案例2

多地发生"开重房"事件

半夜被陌生人刷开房门

据赵先生讲述，2021年9月15日下午，他来到酒店办理了入住登记，拿到一张房间的房卡后，随后入住。

初进入房间时房内没有别人，却看到桌子上遗留了月饼等物品，当时他以为是上个住客遗留的，就没有做处理。

赵先生随后就外出就餐了，晚上10点左右回到酒店，12点左右洗漱入睡。但在半小时后，房门却被一位王姓男子刷卡打开了。

双方在几句沟通后发现，很有可能是酒店开重房了，导致两名客人拿了同一个房间的房卡。

赵先生与王先生立刻到前台进行核实，赵先生说，前台核实到的情况是——当天傍晚已经为王先生办理了1211房的入住，王先生入住后放下东西便外出了。

随后赵先生抵达酒店，原应为他开的入住房间是1015，但酒店却将一张新办理的1211的房卡给了赵先生，导致了这起"乌龙事件"。

这个事件里个人的利益其实没有受到很大损害，只是吓了一跳一晚上没睡着，但是这个问题真的很危险，说明酒店存在严重的安全隐患。

近年来，酒店开重房的事件时有发生，多地发生"开重房"事件，不少与酒店前台失误有关。

女子房间被陌生男子刷卡进入，受到严重惊吓并报警

根据媒体报道，2021年9月，一名女性住客入住杭州某酒店，晚上11时许，一名陌生男子刷房卡进入房间，导致该住客受到严重惊吓并报警处理。

此后，酒店方回复称，事件原因是酒店前台工作失误，在前一位住客退房后要求续住，没有核对房号与入住人信息变化，房卡时效异常时没有做进一步检查。

而在微博上搜索关键词，也有不少网友分享了自己类似的经历。有人半夜被酒店维修工人刷卡进房，幸好住在隔壁的同事及时大声喝止。有人在完全不知情的情况下，房间被酒店前台办理了退房，保洁推门而入。还有人半夜办理入住后，却发现自己刚刚开的房间内，已经有人了。不得不说，部分酒店的安全问题，真的不太让人省心！

摘自：https://m.gmw.cn/toutiao/2021-09/20/content_1302590869.htm. 2021-09-20.

近年来，高星级酒店客房的卫生清洁事件以及"开重房"事件引起了社会的广泛关注。干净、卫生、安全的住宿环境是客人住店的基本要求，酒店需要不断检查并修正自身，切实保证酒店产品的质量和信誉。

理论知识

酒店里每天都有可能发生投诉事件。投诉因客人而异，因情形而异。笔者最大的感受就是：首先，做服务的人要学会及时做好解释工作。即使知道是无法解决或无法办到的事情，也要在客人面前再做努力和尝试。在做任何事情时如果能多为别人着想，或是投诉发生时能站在客人的立场去看待问题，那么投诉会减少很多，也会更容易处理。

其次，当客人的要求或投诉超出自己的权限或不知道怎样处理时，应尽快汇报给上一级领导或经理，让有经验的人来面对客人，及时解决问题。

最后，不同的人解决、处理投诉的成本也有所不同。处理投诉，需要经验的积累和借鉴，需要对各岗位工作程序的了解和对酒店的熟悉以及清晰的逻辑判断，需要理

模块八
投诉处理

解酒店规章制度制定的真正意图。投诉处理，不只是为了避免客人流失和维护酒店口碑，而是要做好每一件工作，对得起客人选择入住酒店的这份心。这是酒店应尽的责任。酒店的每位员工都应正确看待客人的投诉，做到在投诉发生时及时安抚客人，并给予及时的回应和处理，避免事后再来处理，导致客人因长久等待而失去信心或者选择在沉默中愤然离开。

☉ 项目二　客人投诉心理分析

任务一　客人投诉的必然性与合理性

"难弄"的两个康体会员，酒店做事应更仔细周到

第一个是位女客人。她的要求比较多而且脾气有时不太好。有一次，她在泳池更衣室换衣服，恰巧这时维修人员正在更衣室单独的隔间里维修灯泡，没有听到这位女士进来了，然后女士发现里面有人，当场对维修人员发火。我们立刻表示歉意，她不太愿意接受。与经理协商之后，送了她一个月的会员服务。

第二个是位男客人。他经常会向酒店提一些要求，例如会员费用太贵、泳池有异味（泳池每天都会清理、消毒）。有一次，他正在男更衣室洗澡，听到外面有女员工的讲话声，当时女员工在门外，没有进男更衣室。但是这位客人觉得自己被窥视了，要投诉这位女员工。我们当即把监控视频调出来与客人一起观看并解释，他依旧不肯罢休，与经理协商之后送了他三个月的会员服务。

当排队办理入住的告示不明显时，更应随时
关注客人的到来和排队秩序

胡先生到酒店前台办理入住，酒店的三个柜台前面都有人，他看到告示牌上写着"请在线后排队"，于是他走到了线后的里柜处等候。这时，又来了一位周女士，周女士没有注意到有人在排队，也没有注意到告示牌上的告示，于是她直接排在外柜办理手续的客人后面，当外柜办理好手续的客人离开后，周女士就上前办理起了手续，而胡先生还在里柜处等待。前台员工包括大堂经理都在忙着为客人办理入住，没有注意到是胡先生先来的，就直接接待了周女士。胡先生表示很生气，质问既然要求客人排

队，为什么又任由不排队的客人插队呢？

显然，前台放置的告示牌不够明显，致使有的客人没注意到告示内容；前台员工包括大堂经理也都存在失职之处，遇到客人多、需要排队时没有主动提醒客人排队方式，指引客人有序排队，也没有关注到客人的排队情况及先后顺序。另外，这时礼宾人员若在岗的话，可主动上前维持排队秩序。

 案例 3

酒店没有告知客人：允许服务员进房打扫卫生时是会把DND灯关掉的

王先生因为要住酒店好几天，他不想被打扰，就打开了请勿打扰灯（DND灯）。第二天，酒店打电话给他，询问房间是否需要打扫，王先生说要打扫，于是服务员按照酒店规定，进去后第一时间关闭了DND灯，然后打扫。第三天早上，服务员见房间没有开DND灯，就按照酒店规定按门铃，报明身份，三次过后就开始敲门了，但房间内并没有回应，于是服务员用自己的房卡开了门。站在门口的服务员见到客人在房间内，就和王先生打招呼，并问是否有洗衣需求。客人示意没有，服务员就帮客人把房门关上离开了。随后，前台就收到了王先生的投诉，质问是不是房间开了DND灯没有意义，为什么一直按门铃、敲门，并表明昨天下午专门到前台说了，房间开了DND灯就不要打电话，也不要按门铃、敲门了，可今天服务员还是直接进房间来了。王先生要求酒店给个说法。

这个投诉告诉我们：若客人房间开了DND灯，酒店必须先打电话询问客人是否需要打扫房间。当客人需要打扫房间时，无论客人是否误开了DND灯，服务员进入房间后一律要先告诉客人，打扫期间DND灯会被关掉。这样，客人就知道房间打扫好后需要再次开启DND灯。

 理论知识

客人在什么状况下会投诉？投诉多集中在哪些方面？

对酒店而言，无论服务的软件和硬件有多么完善，都不可能达到完美的程度，并且服务过程中难免会发生不尽如人意之处，所以客人的投诉是在所难免的。

客人的投诉有来自酒店方面的原因，有来自客人自身方面的原因，也有第三方原因引起的投诉，如恶劣天气、航班改期或取消等。

酒店方面引起的客人投诉，多集中在对员工的服务意识、素质能力、服务态度或服务效率的投诉，对酒店产品服务项目或服务质量、行动结果的投诉，对酒店规章制度、设备设施或安全方面的投诉等。

客人自身方面引起的投诉，则多是由客人对酒店的要求过高、客人自身敏感而对酒店工作过于挑剔、客人本身心情不佳等而引起；也可能是由客人的需求及价值观念不同而引起，如尊重、发泄、重视、关怀等精神方面的需要未得到满足而引发投诉等。

任务二　客人投诉的心理分析

一、不投诉客人的心理

（1）怕麻烦。这类客人最多，由于时间紧迫或不愿多事，他们宁可选择离开，但下次不会再光顾。

（2）不相信。这类客人多半认为不值得耗费口舌和精力去投诉，或认为投诉也解决不了实质性的问题，只有自认倒霉，但不会再光顾。

（3）不习惯。有些客人少言寡语，不习惯多说话、表述经历和自己的意见。

（4）不计较。这类客人大多宽宏大量，能够原谅服务员犯的小错或不太愿跟异性或年轻人计较，属于爽气、好说话类型的客人。

二、投诉客人的心理

（1）善意的投诉。应该看到，这类客人投诉酒店多数是为了反映问题、解决问题，为了挽回损失或是面子和尊严，求得尊重。有的客人是真心、热情地给酒店指出问题或提出建议，希望酒店、员工能做得更好；有的客人是通过投诉表现自己的见多识广，希望引起关注或关心；有的客人投诉是为了情绪上的一时发泄。

（2）不善意的投诉。这类客人投诉就是为了获得折扣或优惠，为了实实在在地得到好处，获得物质上的补偿或赔偿。

♀ 项目三　处理投诉的原则、程序及其注意事项

任务一　处理投诉的原则

投诉发生后该怎样处理？处理投诉要掌握、注意的几个基本点是什么？学习了投诉这一模块后，我们应明确掌握以下三点处理原则：

第一，不管谁对谁错，首先要解决问题。

第二，要在了解事实后再给出一个孰对孰错的判断和打算怎样处理投诉的基调。

第三，处理投诉过程中要分析客人投诉的心理：是要求赔偿，还是要出口气，还是要求得到重视或尊重等。可以听听客人的意见，协商解决。

确立了以上三点后，处理投诉就可以迎刃而解了。

任务二　处理投诉的程序

投诉的常见处理程序如图8-1所示。

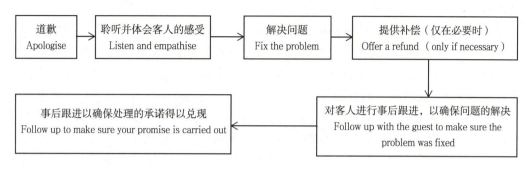

图8-1　投诉处理的一般程序

任务三　处理投诉时的注意事项

处理投诉时应注意：

（1）尽量避免在大庭广众下进行。

（2）避免让客人说第二遍。

（3）聆听并体会客人的感受，不与客人争辩，尽量平息客人的怒气，待客人都讲完后再做合理解释。

（4）先弄清事实真相，不要马上给出无根据的承诺。

（5）要尽快处理、解决客人所投诉的问题。

（6）要做到有理有节、有一定的依据，碰到爱刁难、不讲理的客人，可通过第三方如消费者协会予以仲裁和解决。

（7）避免一味地道歉，并尽量避免写书面道歉。

（8）及时落实处理的结果，跟踪客人的反应。

（9）要善于变通，正确理解酒店各项规定、制度制定的真正用意。站在客人的立场切实地帮助客人解决问题，尽可能地把酒店利益与客人的要求结合起来。切忌以酒店的规定或制度来应对客人。

GE公司的凌晨投诉

GE公司是有名的跨国公司，它有很多分公司，比如上海分公司、纽约分公司等。GE公司每年都有很多会议和培训。因此，每一家酒店对GE公司都会予以高度重视。有一次，GE公司在杭州S酒店开培训会。S酒店的西班牙籍总经理每天都会去会场询问他们住得好不好、有没有不满意的地方，可想而知酒店对GE公司的重视程度。

在他们入住的第三个晚上，确切地说应是凌晨3点多，值班经理朱经理被告知有GE公司的客人要投诉，而且要找总经理投诉。朱经理接到电话赶来时这几位客人已站在电梯外等他了。

朱经理了解情况后才知道是酒店娱乐中心的服务员惹的祸。原来她们凌晨3点要下班了，而这几位GE公司的客人唱歌正在兴头上。娱乐中心的服务员没有提前提醒客人她们快下班了，却在快下班前把客人唱歌的娱乐设备统统关掉了，所以客人火了，要找总经理投诉。朱经理立刻道歉，希望他们能谅解，因为娱乐中心的服务员确实做得不妥。朱经理提出请他们先回房休息，第二天晚上酒店请他们免费唱歌。这几位客人中有一位非要让总经理出来，估计是感觉很没面子。朱经理跟那位先生说希望这回能原谅酒店，建议他们还是先回房休息，并保证第二天一定给他们一个满意的答复。同时朱经理委婉地提醒他们明早还要继续开会，每个房间都做了早上 6:30 的叫早。可能是这句话提醒了客人，确实现在已是凌晨3点多了，这位客人也就嘟囔着和他的同伴回房去了。

次日早上6:30，朱经理已站在餐厅门口等着GE公司的客人了，特别是要等那位先生，向他再次表达酒店的歉意，希望能得到他的谅解。7:00不到，那位先生和他的同伴走进了餐厅，朱经理赶忙迎上去表达一番后，他却说算了，就和那几位同事去用餐了。

朱经理如实将这一投诉过程记录下来并汇报给了总经理，后来总经理去看望GE公司的客人时，他们也没再提这件事。可能是值班经理解决及时，并给足了客人面子，才使客人不再追究此事了吧！

思考

此投诉处理案例给你的启示是

服务没跟上
Slowness in service

场景：柏先生的手表掉了，酒店答应帮他找。之后酒店就没有再联系过柏先生，没有告诉他是否找到或是还在努力找，这让柏先生很着急，所以跑到助理经理处投诉服务没跟上。

B: Hello, my watch was lost. You promised me to look for it right away. Now, two hours have passed and I still haven't heard from you. What's the matter?

8-4
投诉：服务没跟上

柏先生：你好，我的手表掉了，你答应马上帮我找的。现在已过去两个小时了，没有人告诉我任何信息。这是怎么回事？

AM: Mr. Bellow, we are sorry to have kept you waiting, but you said that morning you had changed money at the Currency Exchange Desk, bought a tourist map at the newspaper stand, had your hair cut at the barber's and had your lunch at the restaurant. Because you have been to several places, we need more time to find it.

助理经理：柏先生，很抱歉让您一直在等消息。因为您说那天早上您去了好几个地方：去了外币兑换处换了钱，到报摊处买了旅游地图，去理发店理了发，还到餐厅用了餐。所以这些地方都要去找找看，需要较长的时间。

B: Well, I was wondering whether you were still working on it.

柏先生：哦，那好吧，我只是在想你们有没有在找。

AM: Yes, we are. Two porters are still busy checking around.

助理经理：当然在找。我们两个行李员仍忙着四处寻找。

B: I'm sure the watch is here. I hope you'll try to find it for me as soon as possible.

柏先生：我确定表一定丢在酒店里了。希望你们能帮我尽快找到它。

AM: Of course. We'll let you know as soon as we find it. Please don't be worried.

助理经理：好的。一旦找到我们会马上通知您的，请不要担心。

B: All right. Thank you.

柏先生：那好吧。谢谢你们了。

资料翻译自：郭兆康，《饭店情景英语》，复旦大学出版社2019年版。

 思考

此案例给你的启示是＿＿＿＿＿＿＿＿＿＿＿＿＿＿＿＿＿＿＿＿＿＿＿＿＿＿＿＿＿＿＿＿＿＿＿＿＿

＿＿

案例 3

为什么说这位员工的处理方式正确
Why we say the employee do the right way

场景：在前台，一位客人坚持要到下午才离开房间而不愿意再付半天的房费。

Employee（E）：Good morning. May I help you?

员工：早上好。我能帮您什么吗？

Guest（G）：My flight doesn't leave till 5:45 p.m. and I don't want to wait around at the airport all day. Could I still rest in the room this afternoon?

客人：是这样，我乘坐的班机要下午5:45起飞，我不想一下午就待在机场等。我能待在房间里休息等到下午再走吗？

E: Excuse me, sir. According to our regulations, a half day's rent is charged against a room not vacated by 12:00 noon. If you want to keep your room this afternoon, we'll have to

8-5
投诉：为什么说这位
员工的处理方式正确

charge you 50% of the price.

员工：对不起，先生。我们酒店的规定是12:00以后退房要加收半天房费。如果下午您还想用这个房间，那么我们得再多收您半天房费。

G:（Angrily）What? Ask for money again? I have settled accounts. I won't pay money for the two or three hours. No more! Do you hear?

客人：（客人听后很生气）什么？还要问我收钱？我已把账都结了。我不会再为这两三个小时付任何钱了。不再付了！听到没？

E: We'd like to help you as we can. You may leave your baggage here until 4:30 p.m.. Just speak to the porter and he'll take care of it. Free of charge, of course.

员工：我们很想帮助您。您可以在下午4:30以前把行李放在这儿，只要跟行李员说一声就行了，他会认真照看的。当然，这都是免费的。

G: But dame it! I won't give you one more cent!

客人：见鬼！别想再让我多给你们一分钱！

E: The porter will keep your baggage free of change, sir, and you're welcome to rest in the lobby.

员工：先生，行李员会免费帮您照看您的行李。您可以坐在大堂沙发上休息。

G: No. I insist on having a rest in the room.

客人：不行，我一定要在房间里休息。

E: Then, would you wait a moment, please, sir? I'll ask our manager to come and take care of your request.

员工：那么，先生，您能稍等一下吗？我去找经理来帮您解决这个事情。

资料翻译自：郭兆康，《饭店情景英语》，复旦大学出版社2019年版。

思考

此案例给你的启示是 _____

📍项目四　投诉处理学习与借鉴

这属于自动退房吗

4月3日上午9:00，正值退房高峰期，和往常一样，某酒店总台正有序地为客人做退房结账手续。这时有一位客人将房卡交至总台后未交代任何事情就匆匆离开了，而总台服务人员也没有来得及询问客人具体情况。后经查实该客人是503房的，他于3月30

日入住，剩余的押金已经不足以支付4月3日的房费，但总台也没有留这位客人的联系电话，于是只好将其作为续住房处理。

4月4日上午，503房的客人来结账，核对账单后便质问总台，明明4月3日上午已经退房，为什么还会有当天的房费？总台服务人员牵强的解释顿时引得客人更加不满，坚决拒付4月3日当天的房费。房务部经理了解此事原委后，马上向客人道歉，并再三强调是酒店方工作的失职，以后一定改进，并免去客人4月3日的房费，还送上一份纪念品，希望客人再次光临酒店。客人的怒气渐渐平缓，承认自己也有不对之处，退房时没有明确告知总台服务人员，并表示若下次再来当地，一定再入住该酒店。

点评：

第一，从整个事件来看，显然是总台服务人员的失职，503房间应该做自动退房处理。当客人将房卡交至总台时，应立即询问客人是续住还是退房，并留下联系电话；在无法联系到客人并押金不足时，应立即通知楼层服务人员查看房间，是否有客人遗留物品并报上级领导，以便及时处理。然而总台服务人员没有丰富的工作经验，未采取任何措施，给客人带来了不必要的麻烦，并给酒店造成了一定的经济损失。

第二，部门经理及时出面，做出积极补救，化解了矛盾，最终为酒店挽回了客人。

第三，部门平时应该加强员工应对突发事件的培训，提高业务技能及随机应变的能力，使员工遇到任何状况都能迅速做出反应，以免引起客人不必要的投诉。

签单风波

一天晚上，一家纸业公司的客人在某酒店餐厅的包厢内就餐。酒过三巡，其中有一位略带醉意的客人摇摇晃晃地来到收银台前结账，收银员询问以何种方式结账时，客人提出签单。按照酒店协议要求，协议单位签单都由指定人员亲笔签名，其他人员一律不允许签单。当收银员向客人说明原因后，请客人付现结账，这位客人眼睛一瞪说："我也是这家公司的领导，为什么不能签单？"一边很生气地将收银台上的台签摔在地上，还一边对收银员破口大骂……

值班经理接到报告，立即来到餐厅。她首先请客人息怒，并耐心地告知客人："对不起，因为协议书的关系，我们不能随意让客人签单，如果违背了对对方的承诺，这样就是对你们单位极度的不负责任，请您谅解。"

她同时联系对方的有效签单人，经其确认同意，给予客人签单挂账，最后请这位客人早点休息并注意身体。第二天，客人酒醒后，托人向酒店表示歉意，并给该酒店拉来一宗大生意。

点评：

在酒店管理工作中，大大小小的投诉几乎每天都在发生，餐厅尤为集中，重要的是管理者如何正确对待投诉，如何使大事化小、小事化了，使问题得到圆满的解决。

第一，本案例中，收银员在醉酒客人提出签单时，向客人说明不能签单的理由是因为协议的要求，这是对的，但未考虑到客人在当时的状态下很容易激动，收银员在语气上应该尽量委婉一些，并在第一时间主动联系有效签单人，给客人满意的答复。

第二，值班经理了解情况后，看出客人是出于面子而执意要求签单，再说有效签单人的信誉度也较好，于是在与有效签单人确认后遂了客人的意愿。同时，值班经理考虑到客人醉酒后的不适给予其适当的关心，最终平息了这场风波。最后，客人意识到了自己的失态，并为酒店带来了利益。

摘自：https://mp.weixin.qq.com/s/uqYKL4-ZJxph34G3d6NI_g. 2021-08-17.

 案例3

真心真意为顾客

美国迪士尼乐园里，一位女士带5岁的儿子排队玩梦想已久的太空穿梭机。好不容易排了40分钟的队，上机时却被告知：由于孩子年龄太小，不能玩这项游戏，母子俩一下愣住了。其实在队伍的开始和中间，都有醒目标志：10岁以下儿童，不能参加太空穿梭游戏。遗憾的是，母子俩过于兴奋而未看到。就在失望的母子俩准备离去时，迪士尼乐园的服务人员亲切地上前询问了孩子的姓名，不一会儿，又拿着一张刚刚印制的精美卡片（上有孩子姓名）走了过来，郑重地交给孩子，并对孩子说，欢迎他到年龄时再来玩这个游戏，到时拿着卡片不用排队——因为已经排过了。拿着卡片，母子俩愉快而去。

点评：

对于顾客提出的不满，处理不当，就有可能小事变大，甚至殃及企业的生存；处理得当，不满变美满，顾客的忠诚度也会得到进一步提升。

 案例4

投诉处理效果评估

酒店应对实际的处理效果进行必要的评估，了解每一次不满处理的效果是否达到了预想的目标，是否加深了与顾客之间的联系和沟通，是否提高了顾客的忠诚度。例如，酒店可通过向顾客赠送小礼物、纪念品、提供酒店产品的后续服务来维护与顾客之间的关系。"海尔"品牌之所以具有很高的美誉度，主要取决于其对顾客的良好服务和沟通。我的一位朋友对我说过一件事：去年10月，他家中的海尔洗衣机出现了故障，打电话投诉后，海尔迅速派售后服务人员对洗衣机进行了修理，而在一天、一个月、一个季度后海尔多次进行了电话回访，调查他对海尔服务、海尔产品的意见。朋友感动地说："这样对顾客负责的公司，怎能不赢得顾客的忠诚呢？"

摘自：https://mp.weixin.qq.com/s/EPX0QRAMY8TiJpPigKHIbg. 2021-12-21.

案例 5

酒店服务投诉处理之道标杆——加贺屋

加贺屋温泉酒店是日本著名的以温泉为主题的精品酒店，曾在日本权威杂志中连续30年获得专家票选饭店及旅馆第一名，被誉为"日本国民一生中想去住一次"的高档旅馆。

以"热诚款待"为其服务理念的加贺屋的服务，是吸引众多顾客前来的"法宝"。身为服务专家的加贺屋服务人员，面对同样是"专家"，而且是最了解服务业的顾客，也得经常进行"进化"训练。这种谦虚心态之下潜藏着的是超越客人期待的服务质量，是永不停歇的服务持续改善力。加贺屋将客人的投诉视为"旅馆的财富"。具体操作方式是，加贺屋借由回收问卷来了解客人抱怨和不满的原因。

加贺屋每年大约会收到两万份住宿问卷或信件，里面除了礼貌致谢外，还有抱怨和不满。这些回收的问卷有九成是邮寄的，也就是客人回到家后才慢慢花时间写下的。每封问卷和投诉信都会被标注日期、投诉事项或期待，尤其针对抱怨及不满部分会让全公司员工确认，确认归属单位后，立即改善处理。待客、料理、设施、备品等各方面的意见，不论是好的还是坏的，统统集中整理，两万份问卷等于两万个改进方针，它们指出了酒店内每个需要改进或努力维持的地方。

加贺屋把这些投诉意见视为旅馆经营的"圣经"，每年会召开四次投诉大会，会中共同探讨当季的各项投诉内容。另外，一年一次的投诉大会，从整年的投诉内容中选出最难改善、层级最高的抱怨及不满发布"投诉大奖"。

加贺屋还会将客人及投诉内容建档，同一人下次再入住时，最少要做到不再出现/发生该名客人所投诉过的地方/事件，或是努力做到对方期待之处。例如，对曾表示"用餐时间花太长"的客人，下次入住时客房管理员就会稍微加快送餐服务时间；至于"希望能慢慢用餐，享受旅馆度假气氛"的客人，在他下次住宿时，客房管理员相对会放慢速度。

多年来经手处理过无数客户投诉的加贺屋的鸟本经理认为，从投诉的内容就可以了解抱怨的原因以及旅馆服务的质量，若是属于马上可应对的抱怨，足见服务的层次很低，因为只要服务人员保持满足客人的服务心态即可解决那些抱怨和不满。认真看待并解决每位客户的投诉，到最后就剩下难寻原因和改善方法方面的高度抱怨，在解决这些抱怨的过程中，服务质量也就不断得到提升。

客人的投诉是旅馆的财富，不论是当场抱怨或是事后问卷投诉，肯抱怨的客人其实是在为酒店指正，这是一件值得感谢的事。酒店最该担忧的是有不满却什么都不说的客人，抱怨与投诉是还有希望的证据，若让客人已经失望到连抱怨都懒得做，背后的损失绝对比处理客人投诉更棘手，甚至无法弥补。因此，加贺屋的服务人员在处理顾客投诉时心态由"真倒霉"或是"客人真差劲"等负面情绪抽离，转成"感恩"（因为客人抬爱才肯花时间投诉，教我们如何做会更好）、"庆幸"（啊，幸好还有机会可以弥补）的正面心态，有助于与客人的沟通，并有利于促进后续处理过程的顺利完成。

摘自：https://mp.weixin.qq.com/s/gqJcnkbVJwFUi7PIX4TPUg. 2021-06-22.

👤 能力训练

请分别用中、英文处理以下投诉：

1.预订客人没有及时享受到网络订房价。

某日晚9:30，已预订了房间的李先生到达酒店准备办理入住手续。前台接待员小张根据客人提供的信息查找预订单和电脑操作系统未果后，告诉客人没有做预订记录。李先生听了很不高兴，说他已通过A网络公司订了大床间，怎么可能没有呢？小张再次查找了一番，仍然没有找到，便请客人先按酒店当天步入客价住下来，待次日与A网络公司联系后再更改房价。李先生生气地住进了酒店，随后就投诉A网络公司没有为他预订。A网络公司感到很冤枉。经查，该公司确实于当晚8:36将传真发到了酒店预订部，只是此时预订员已下班，而前台接待员在没查到客人预订单后也没有到预订部去查看有无传真，便告诉李先生没有预订信息，给客人造成误会。A网络公司转而投诉酒店未给客人及时预订，并给客人错误回答，造成不良影响。

若你是当班大堂经理，请问你该怎样处理？

2.A guest came to complain your operator.

He said the operator did not get his permission to send the call to his room that he did not like to answer.

If you are the Guest Relation Manager, how to settle the complaint?

8-6
练习：处理投诉1

8-7
练习：处理投诉2

👤 思考与练习

学完"投诉处理"这一模块后，请你思考以下问题：

1.客人为什么会投诉？

2.客人投诉的途径有哪些？

3.对酒店（企业）而言，为什么说投诉是好事？

4.碰到客人投诉，你的首要感觉是什么？你的解决思路是什么？

5.处理投诉时应注意的问题有哪些？

6.处理完投诉后还应做好哪些工作？

模块九 前厅管理

学习目标

● 知识目标

1.了解前厅管理的内容与核心。

2.了解并学习无人酒店的前厅管理、线上服务与后台管理内容。

● 开胃小练

前台、总机因为要上夜班，所以很多人不喜欢也不愿意做前台、做总机。若你是酒店管理者，你有什么办法解决这个问题？

● 能力目标

1.能尝试并初步管理一个团队。

2.掌握心肺复苏（CPR）、消防灭火和自动体外除颤器（AED）的操作。

● 大作业

应从哪些方面去管理前厅？管什么？具体怎么管？

9-1　　　　　　9-2
开胃小练　　　大作业

　　总体说来，前厅管理无外乎是对制度、对人、对物，对安全防范、成本、资源、协作、信息数据、线下线上服务等的综合管理。管理的最终目的是使员工更好地工作，以获得更多客人的认可，取得最好的社会效益和经济效益。

　　对人的管理是前厅管理中最重要也是最难的部分。在酒店行业员工工资收入、福利待遇普遍不高的前提下能否考虑实施以下措施：

　　提高效率，合理排班或者缩短员工每天的工作时长；

　　提供更加和谐的工作环境和氛围，提高工作的幸福感；

　　提升前厅员工的综合能力与素质，如会心肺复苏与AED的操作，有急救常识，懂消防知识，具备应急处理能力，会在线信息维护、数据处理与归类分析，帮助员工转型或为其提供上升空间，进而吸引并留住前厅员工。

　　与此同时，在前厅管理中安全管理工作同样不容忽视。要做好前厅及酒店的各项安全防范措施，做到人人具有安全防范意识、能快速应对紧急/突发状况。

♀ 项目一　前厅管理的内容

笔者认为，可以从以下几方面来考核前厅管理工作：

（1）能完成各项指标。比如，退房结账、挂账等应收款指标，销售指标（包括销售步入客房、各类线上线下酒店产品），在服务质量得到保证的情况下，有效控制用人成本等。

（2）保证前厅正常、有序运转，不出现大的情况和问题。在大型会议、VIP客人、多个会议的组织接待和协作方面能得到客人的认同和称赞，得到其他部门的认同。

（3）员工队伍相对稳定，跳槽率较低。员工素质高，熟悉酒店和产品，熟悉业务，擅长沟通与销售，服务有质量、有效率，客人满意度高，对工作有热情、有想法。

（4）在关心、方便客人方面，在维系与客人的情感方面，在客情信息收集和反馈方面，要有办法、有作为。

（5）重视安全管理。切实做好酒店消防和防疫工作，定期进行消防安全检查。能熟练使用火灾报警系统和灭火系统。以预防为主，做好应对各种突发事件的准备。

（6）建立和完善组织机构、各项规章制度，并使其能更好地辅助工作，有利于工作和对客服务的开展。

（7）互联网和新技术下，智能化酒店、无人酒店的前厅管理内容面临着新的挑战。在线服务、后台管理、基于系统与数据的分析和决策等已成为前厅管理的新内容、新目标。

♀ 项目二　抓住前厅管理的核心

任务一　前厅员工管理

相对于酒店其他部门而言，前厅员工的素质和学历较高，工作压力较大，跳槽率也往往较高。如何稳定员工队伍并进行有效的管理，如何提升整个前厅的服务水平和服务技能，如何在保持服务水准的前提下进行创新管理……这些都是摆在所有前厅管理者面前的重要课题。

找到员工自我发展与酒店经营管理的平衡点，将会直接决定酒店前厅管理和服务水平的高低。作为管理者，一定要想方设法从多方面了解员工，在员工最需要帮助的时候提供帮助。要知道，你怎样对待员工，员工就会怎样对待客人。曾有这样一个案例：有一年春节，前台所有员工都想回家，主管排班时比较棘手。考虑再三，前厅主管安排路远的员工放假回家，让本地员工上班，但在大年三十晚上，这位高星级酒店的前厅主管自己来上夜班，就这样基本满足了前台员工的想法和要求。结果，刚过完大年三十，所有员工都主动要求上班。因此，如果管理者了解员工需要什么以及需要的迫切程度，并尽可能地予以解决，那么管理工作就会相对轻松。此外，管理者还应重视与员工的沟通，关注他的目标认同感，掌握他的想法，及时进行引导，尽力使他的目标与团队目标一致。

前厅管理要创造和谐、活泼而又民主的工作氛围。前厅的工作氛围一定要轻松愉快，不要让员工有太大的压抑感。只有这样，面对客人时员工的微笑才是真诚的、发自内心的。

民主的工作氛围，在前厅的管理中也非常重要。一般主张基层的管理岗位要从员工中民主选拔，这样可以大大提高其在前厅工作中的积极性。

另外，要让员工树立明确的目标。比如，对前台的管理，可以给主管和领班下指标，如本月的差错率要降几个百分点、本月前台班组要争取零投诉等等。所有指标要量化，要用数字说话，这样才能让员工信服。

前厅管理中要特别注意表扬与批评的艺术。对员工的表扬和批评，要根据不同对象的心理特点，采取不同的方式。在日常管理过程中会发现，有些员工爱面子，口头表扬就可以了；有些员工讲究实惠，希望有点物质鼓励；有些员工脸皮薄，开会批评后逆反心理会特别大；而有些员工，必须开罚单才能解决问题……作为前厅的管理者，有时一个微笑、一句问候、一个手势就会影响一名员工的心情，所以，管理者要学会并利用好心理因素去鼓励员工，让员工有被认同感。在对员工进行批评时，一定要掌握场合，给足员工"面子"，这样员工就会抱着感恩的心来接受批评。另外，批评员工时，一定要对事不对人，一定要态度诚恳、语气委婉。要让员工知道为什么会批评他，错在哪里，有什么危害，等等。

在实际工作中，对前厅的管理要求是灵活多样的，但有一点是前厅管理者必须做到的：要真正从内心来关心员工，只有这样才能让员工安心工作，做好对客服务。要知道，酒店只有拥有了一流的员工才会有一流的服务。

能力训练

结合本模块所学以及已学过的酒店管理理论，谈谈该从哪些方面去管理前厅或者一个团队。

任务二　前厅安全管理

一、前厅部安全及消防管理制度

（1）认真贯彻"预防为主，防消结合"的消防工作方针，全面落实"谁主管，谁负责"的防火工作原则，认真执行各岗位的消防安全责任制，不断提高消防安全意识。

（2）熟悉自己岗位的工作环境，如操作设备及物品的摆放情况等；熟悉酒店的消防安全疏散通道、消防设施和消防设备；熟悉酒店的火灾报警、扑救及疏散程序；懂得消防器材的基础保养等。

（3）积极参与各项消防安全工作。掌握各种消防器材的使用方法，并能够扑救初起的小火和控制火势蔓延。

（4）负责建立健全本部门义务消防组织，对本部门义务消防员应排好班次，保证每个班次都有义务消防员在岗。员工必须严格遵守消防安全制度，参加消防培训，合格后再上岗。上岗后还要参加消防中心组织的不定期考核，其成绩可作为评估员工工作情况的一项指标。

二、前厅防火制度

（1）前厅工作人员要随时注意、发现并制止宾客将易燃易爆物品、枪支弹药、化学剧毒物品、放射性物品等带进酒店区域，如宾客不听劝阻，应立即报告值班经理和保安部。

（2）要随时注意宾客扔掉的烟头、火柴棒等，发现后应及时处理。如发现异色、异声、异味，须及时报告上级，并采取相应措施进行处理。

（3）所有工作人员必须会使用灭火器材，熟记就近灭火器材的存放位置，并做好保养和监护工作，发现有人挪动立即制止并报酒店保安部。

（4）不准堆放废纸、杂物，严禁在行李寄存处休息。

（5）发生火警后要对宾客进行安抚，稳定宾客的情绪，防止出现混乱。

（6）发生火情时，要及时报警，并采取应急措施。酒店中常见的火灾显示盘如图9-1所示。

图9-1　置于各楼层的火灾显示盘

摘自：https://mp.weixin.qq.com/s/rOKNLsonU3Y_3rM−BD5tPg. 2021−06−18.

能力训练

练习消防栓灭火操练。

♂ 项目三　心肺复苏与自动体外除颤器

任务一　心肺复苏（CPR）

当在酒店里遇到心脏骤停，且无反应也无呼吸（或无有效呼吸）的客人或员工时，我们要迅速高声求救，并及时拨打急救电话120，说明情况和所处位置。心脏骤停后4~6分钟即会导致脑和重要组织器官功能的不可逆损害，因此在专业救护人员到达之前，心肺复苏是延续患者生命最重要的方法。

心肺复苏简称CPR（Cardiopulmonary Resuscitation），它是针对呼吸、心跳停止的急危重症患者，所采取的一项关键抢救措施。一旦患者发生心脏骤停，我们应立即启动心肺复苏，包括基本生命支持和高级生命支持。前者在现场施行，包括胸外按压、开放气道和人工呼吸；有条件者，使用自动体外除颤器（AED），可提高复苏成功率；后者需要医院的设备和条件才能实现。

一、早呼救

首先判断患者是否确实存在心脏骤停的情况，一旦确定，将患者体位调整为复苏体位（即仰卧位），使其仰卧在坚硬的平面上，切忌随意挪动患者；同时迅速高声求救，如"请这位先生（女士）赶快拨打120，并把结果反馈给我""会救护的一起过来帮忙"等等，以得到周围人的帮助；有条件者，可请周围人帮忙寻找附近的AED。

二、实施心肺复苏（CPR）

实施心肺复苏主要包括以下三个步骤：

第一步，胸外按压；

第二步，开放气道；

第三步，进行人工呼吸（见图9-2）。

进行胸外按压时，救护者位于患者的一侧，宜于右侧，近胸部部位。

按压深度：成年人，5~6厘米；儿童、婴儿约胸廓前后径的1/3，即儿童约5厘米，婴儿约4厘米。

通常，30次胸外按压需配合2次人工呼吸，可通过数两位数来把握节律（01、02、03……30）。

注意：吹气的量，只需按照正常呼吸的量即可；吹气时，只要看到患者胸部或腹部有微微起伏即可。如此循环反复，直至救护车到来。

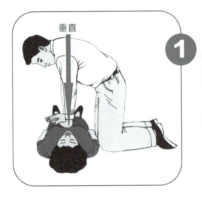

① 胸外按压

双手掌重叠，
十指相扣，掌心
上翘，手指离开
胸壁。上身前倾，
双臂伸直，垂直
向下用力，有节奏
地按压30次。

按压位置	按压深度	按压频率
双乳头连线与胸骨交界处	成年人5~6厘米	100~120次/分

胸外按压是CPR最重要的一项！

注意 手按压抬起时，不能给患者胸臂施加任何压力。
按压中断控制在10秒内，尽量不中断至救护车来。

(a)步骤一：胸外按压

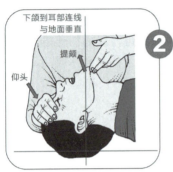

下颌到耳部连线
与地面垂直

提颏

仰头

② 开放气道

左手放在患者额
部，向下压；
右手放在病人
下颌处，向上抬。

清除患者口腔中的异物（如假牙等）

(b)步骤二：开放气道

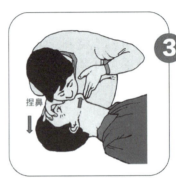

捏鼻

③ 人工呼吸

捏住患者鼻子，
用嘴包住患者的
嘴，快速将气体
吹入2次。

(c)步骤三：人工呼吸

图9-2　实施心肺复苏的步骤

任务二　自动体外除颤器（AED）的操作

一、除颤

AED是什么？

AED即自动体外除颤器（Automated External Defibrillator），它是一种便携式，易于操作，专为现场急救设计的，经内置电脑分析和确定发病者是否需要予以电除颤，并于判断后自动给予电除颤的急救设备。

做心肺复苏（CPR）前，应呼叫身边的人帮忙寻找附近的AED。如果在做CPR过程中找到AED，可先使用AED。

AED如何操作？

我们只要"听它说，跟它做"即可，即按照AED的语音提示和屏幕显示内容来操作。其步骤可以概括为四个字：开→贴→插→电。

步骤一：开。打开AED的电源开关，按照提示进行操作（见图9-3）。

① 开

AED放在患者左侧耳旁。
按下电源开关或掀开显示器盖子，
仪器会发出语音指导后面操作。

图9-3　打开电源开关

步骤二：贴。迅速将两个电极片粘贴在患者胸部，一个放在右上胸壁（锁骨下方），一个放在左乳头外侧（见图9-4）。

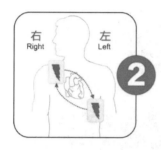

右 Right　左 Left

② 贴

迅速把电极片粘贴在患者胸部，
一个放右上胸壁(锁骨下方)，
一个放在左乳头外侧，上缘距腋窝
7cm左右。

| 注意 | 若患者出汗较多，应事先用衣服或毛巾擦干皮肤。若患者胸毛较多，可用力压紧电极，若无效，应剃除胸毛后再粘贴电极。 |

图9-4　将电极片粘贴在患者胸部

步骤三：插。将电极片插头插入AED主机插孔中后，AED即开始分析心律，该过程需5~15秒。若患者发生室颤，仪器会通过声音报警或图形报警提示（见图9-5）。

③ 插

将电极片插头插入AED主机插孔，
开始分析心律，需5~15秒。若
患者发生室颤，仪器会通过声音
报警或图形报警提示。

| 注意 | 急救人员和旁观者应确保不与患者接触，避免影响仪器分析心律。 |

图9-5　将电极片插头插入AED主机插孔

模块九
前厅管理

113

步骤四：电。按"电击"键前必须确定已无人接触患者，或大声宣布"离开"。第一次电击后，如果患者没有恢复意识和呼吸，立刻继续心肺复苏。AED会持续检测，根据指示操作，反复进行至急救人员到来。

二、进一步急救

继续急救，耐心等待急救人员到场。

资料来源：https://mp.weixin.qq.com/s/Y9kxOUlxS9GkzJuAivlxUQ. 2019-12-06.

学习并操练

微信搜索"国家应急广播"公众号并关注，学习面对心脏骤停等突发状况时的应对技能（见图9-6），能正确使用AED设备。

图9-6　CPR急救操练

9-3
心跳停止时要及时采
取这些抢救措施！

9-4
正确使用AED，心脏
骤停能救命！

9-5
这些女子防身自救技
能你学会了吗？

思考与练习

1.阅读1~2本管理类图书或者实地拜访一位前厅部经理，谈谈你（他们）对管理的见解和看法。

2.如何管理无人酒店？客人通过手机、AI、机器人等自助完成在线预订、入住、退房、咨询、投诉等各类前厅工作。

前厅岗位工作内容及操作

学习目标

知识目标

1.了解哪些是有效证件，掌握各种有效证件的登记内容和设计思路。

2.掌握入住登记的程序和设计入住登记程序的思路。

3.掌握入住登记表的填写，并了解入住登记表的设计思路。

4.学习了解申根协定和申根签证。

能力目标

1.能熟练准确地登记各种有效证件。

2.在理解程序的基础上依据客人情况的不同灵活处理各种入住情况。

10-1
课前小测

课前小测

写出心肺复苏的动作步骤和注意事项，并现场展示。

📍 项目一　入住知识点介绍

任务一　掌握有效证件

北京启用外国人居留许可代替居留证

据新华网北京2005年2月2日报道，北京市启用"外国人居留许可"，代替外国人居留证和外国人临时居留证。持有外国人居留许可的外国人，可以在居留许可有效期之内多次出入境，不必再申请往返签证。在京长住的外国人最多可申请5年的居留许可。

据北京市公安局出入境管理处副处长介绍，过去外国人在华居留，必须申请外国人居留证或外国人临时居留证，出入中国国境时须与有效期内的本人护照同时使用。从2004年11月22日开始，受理机关只需在申请人护照的签订页上粘贴"居留许可"即可，无须再申请返回签证。可申请居留许可的包括持有Z（工作）、X1（学生）、J-1（常驻记者）等签证入境的外国人。中华人民共和国外国人居留许可见图10-1。

图10-1　中华人民共和国外国人居留许可（样本）

👤 **在线学习**

学习身份证、户口簿、护照、港澳台居民来往内地/大陆通行证等有效证件。

10-2	10-3	10-4	10-5	10-6
身份证	户口簿	护照	港澳居民来往 内地通行证	台湾居民来往 大陆通行证

理论知识

　　为客人办理入住手续的第一步就是请客人出示有效证件。作为中华人民共和国的公民，有效证件一般有两种：一种是身份证，在国内使用；一种是护照，在全世界通用。护照是一个国家的公民出入本国国境和到国外旅行或居留时，由本国发放的一种证明该公民国籍和身份的合法证件。按照颁发对象和用途的不同，世界各国护照一般分为三种：外交护照、公务护照和普通护照。此外，有的国家为团体出国人员（旅游团、体育代表队、文艺团体等）发放团体护照。其中，普通护照又分为公务普通护照和因私普通护照，图10-2为我国普通护照样本。另外，一些特殊人群如军人、警察、士兵等在办理入住登记时，以前有效证件只有军官证、警官证或者士兵证之类的证件（因以前他们没有身份证），但是现在他们也可以使用居民身份证办理入住登记。如儿童从出生开始办理的有效证件是户口簿，如图10-3所示，当然如有需要，儿童也可以办理身份证和护照。

　　除了身份证、护照、军官证或士兵证等外，我国台湾地区的居民来往大陆使用的是台胞证，全称为"台湾居民来往大陆通行证"（简称电子台胞证、台胞卡），如图10-4所示。香港、澳门同胞使用的通行证，全称为"港澳居民来往内地通行证"。

模块十
入住

图10-2 我国普通护照（样本）

图10-3 居民户口簿（样本）　　　　　图10-4 2015年版台湾居民来往大陆通行证（样本）

　　外国人持有的证件主要有护照，以及由中华人民共和国签发的外国人居留许可（见图10-1）。除此之外，还有海员证、联合国通行证、外交身份证、外国人旅行证等。图10-5、图10-6分别是韩国护照和美国护照的样本。

图10-5 韩国护照（样本）

图10-6 美国护照（样本）

知识拓展

身份证

居民身份证（ID Card），分为实卡身份证和电子身份证（EID Card），是用于证明持有人身份的一种法定证件，多由各国或地区政府发行给公民，并作为每个人重要的身份证明文件。

中华人民共和国居民身份证简称"身份证"。1984年4月6日国务院发布《中华人民共和国居民身份证试行条例》，并且开始颁发第一代居民身份证。2004年3月29日起，中国大陆正式开始为居民换发内置非接触式IC卡智能芯片的第二代居民身份证。第二代身份证表面采用防伪膜和印刷防伪技术，使用个人彩色照片，并可用机器读取数字芯片内的信息。

《中华人民共和国身份证法》第5条规定："16周岁以上公民的居民身份证的有效期为10年、20年、长期。16周岁至25周岁的，发给有效期10年的居民身份证；26周岁至45周岁的，发给有效期20年的居民身份证；46周岁以上的，发给长期有效的居民身份证。未满16周岁的公民，自愿申请领取居民身份证的，发给有效期5年的居民身份证。"

2017年12月25日，"微信身份证网上应用凭证"在广州市南沙区签发，为线上线下政务服务以及旅馆业登记、物流寄递等实名制应用场景，提供国家法定证件及身份认证服务。

上传身份证、使用身份证复印件时最好标注用途

警方提醒，丢失未加标注的身份证复印件主要存在以下三种风险：被人办理信用卡透支；被人用来开公司，并从事犯罪活动；成为诈骗分子冒充身份的工具。如果在身份证复印件上标注用途，日后万一发生意外情况，被冒用的当事人可依据业务内容与标注不符，免于承担责任，同时警方也好查对笔迹并认定责任。

对于使用后的身份证复印件，警方建议最好不要保留，可以撕毁后丢弃。以办理银行业务为例，在身份证复印件上标注用途，通常分三行写：

仅提供××银行——

申请办理信用卡——

他用无效——

每一行后面一定要画上横线，以免被偷加其他文字。这些说明文字一定要加在身份证复印件的有效范围内，不要遮住身份证上的姓名、号码等关键内容，但部分笔画与身份证的内容要有交叉或接触。

因为身份证复印件一般是黑白的，所以最好用蓝色水笔书写，这样比较显眼。此外，一定要记得在身份证复印件上签名并写上当天的日期。

任务二　了解签证及团签

扫码观看教学视频，学习签证及团签。

10-7	10-8	10-9
教学视频：签证及团签	签证	落地签证

签证（Visa）是指一国国内或驻国外主管机关在本国或外国公民所持的护照或其他出入境证件上签证、盖印表示准其出入本国国境或者过境的手续。签证通常是附载于申请人所持的护照或其他国际旅行证件上。为增强签证的防伪功能，有些国家已经开始签发电子签证和生物签证。

世界各国的签证一般分为入境签证和过境签证两个类别，有的国家还有出境签证。中国的签证分为入境签证和过境签证两个类别。图10-7为中华人民共和国签发的签证，该签证种类为访问（F）签证，持证人应在2016年6月1日（含1日）前任何一天入境。入境许可停留从入境之日算起，可在华停留30天。

图10-7　签证信息

中国的签证分为外交、礼遇、公务、普通四种。普通签证一般发给持普通护照的外国人，根据外国人申请来华事由分为八类，分别标有相应的汉语拼音字母：

D字签证，发给来华定居的人员。

Z字签证，发给来华任职或就业的人员及其随行家属。

X字签证，发给来华留学、进修、实习六个月以上的人员。

F字签证，发给应邀来华访问、考察、讲学、经商、进行科技文化交流及短期进修、实习等活动不超过六个月的人员；其中五人以上组团来华的，可发给团体访问签证。

L字签证，发给来华旅游、探亲或因其他私人事务入境的人员；其中五人以上组团来华旅游的，可发团体旅游签证。

C字签证，发给执行乘务、航空、航运任务的国际列车乘务员、国际航空器机组人员、国际航行船舶的海员及其随行家属。

G字签证，发给经中国过境的人员。

J-1字签证，发给来中国常驻的外国记者；J-2字签证，发给临时来中国采访的外国记者。

外国人应当在签证准予停留的期限内出境，如需继续在中国停留，须于期满前申请延期。

签发给集体的签证，又称团体签证（见图10-8和图10-9）。团体签证发给五人以上来华的旅游团或访问团、考察团。

团 体 签 证
GROUP VISA

第 000109 号团体签证，准予 CQMIT/TTS-080528 团（12）人自 2008 年 5 月 24 日至 2008 年 6 月 18 日，在中华人民共和国旅行，现发给签证一张。
No.000109 group visa, valid for single entry, permits CQMIT/TTS-080528 group consisting of (12) persons to travel in PRC from 24 May 2008 to 18 Jun 2008.

发证日期　　　　　　　　　　　　签署、印章
Date of issue　　　29 APR 2008　　Signature, Seal

备注：

人 员 名 单
LIST OF GROUP

序号 NO.	姓 名 Name in full	性别 Sex	出生日期 Date of birth	职 业 Profession or Occupation	国 籍 Nationality	护照号码 Passport No.
1	CANNINGS JANNIE EGEBERG	FEMALE	19420831	RETIRED	DENMARK	101493896
2	HANSEN GERDA	FEMALE	19311215	RETIRED	DENMARK	860033413
3	HANSEN INGER KAREN	FEMALE	19431122	PERSONAL ASSISTANT	DENMARK	101243905
4	HANSEN TAGE CHRISTIAN	MALE	19311204	RETIRED	DENMARK	200116532
5	KRISTJANSEN ULLA	FEMALE	19401025	RETIRED	DENMARK	200970731
6	NIELSEN ANNA MARIE HOIGAARD	FEMALE	19490512	CONTROLLER	DENMARK	201256489
7	NIELSEN IB	MALE	19401220	RETIRED	DENMARK	101107458
8	NIELSEN VINNIE SOLVEIG	FEMALE	19400719	RETIRED	DENMARK	202329673
9	RASMUSSEN STEFAN GYDEGAARD	MALE	19470723	TOURLEADER	DENMARK	100700951
10	VOGELSANG LEON JOERGEN	MALE	19370321	RETIRED	DENMARK	202473107
11	ZIEGLER BENTE	FEMALE	19420111	RETIRED	DENMARK	202951844
12	ZIEGLER JOHN OLUF	MALE	19401026	RETIRED	DENMARK	202373222

名单结束　END OF THE LIST

图10-8　团体签证

图10-9　新版团体签证（样本）

任务三　申根协定和申根签证

1985年6月14日，德国、法国、荷兰、比利时和卢森堡五国在卢森堡边境小镇申根签署了《关于逐步取消共同边界检查》协定（又称《申根协定》，Schengen Agreement），其宗旨在于取消相互之间的边境管制。

加入《申根协定》的国家被称为申根国家，目前包括法国、德国、西班牙、葡萄牙、瑞士、奥地利、荷兰、比利时、卢森堡、挪威、芬兰、瑞

10-10
申根协定

典、丹麦、冰岛、波兰、匈牙利、捷克、斯洛伐克、爱沙尼亚、拉脱维
亚、立陶宛、希腊、意大利、斯洛文尼亚、马耳他，共25个国家。

根据《申根协定》的规定，上述25个国家可以为短期访问的外国人签
发"申根国家统一签证"（简称申根签证，Schengen Visa），得到其中一国
的申根签证，可前往其他申根国家访问，无须再办理其他签证。

10-11
申根签证

任务四　入住登记的必要性和重要性

（1）入住登记是安全的需要。办理入住登记手续是保障国家安全的需要，也是保
障酒店安全和客人及公众安全的需要。通过入住登记，查验、核对客人的有效身份证
件，可以有效地防止或减少酒店不安全事故的发生。因此，切记要为来住宿的每位客
人办理证件登记手续，不要怕麻烦。

（2）在入住登记过程中向客人及时收取押金，既可以有效地保障酒店的利益，防
止逃账现象；又可以为酒店提前回笼资金，收进营业款。

（3）通过入住登记，酒店可以获得客人的基本信息和需求，为客人提供更好的服
务，并可作为搞好酒店经营、协调对客服务、建立客账与客史档案的依据。

（4）入住登记是对预订内容的再次确认，是酒店与客人之间建立正式合同关系的
最根本一步。同时，入住登记也为宣传和销售酒店其他产品提供了机会。

任务五　有效证件登记内容和设计思路——以护照为例

国内公民的身份登记比较简单，这里以护照为例进行说明。

护照的内容一般由基本信息、签证信息和入境信息三部分组成，分别如图10-10、
图10-7、图10-11所示。

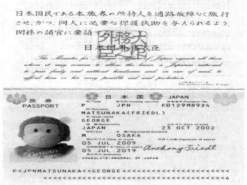

图10-10　护照的基本信息（示例）

123

从图10-10中可知，客人的基本信息包括：英文姓、英文名，出生年月日，性别，国籍，证件种类，证件号码，证件有效期，有中文姓名者还须填写中文姓名。

签证信息包括：签证种类、入境可停留天数（即签证有效期）、签证机关等。

入境信息指从边防入境章中显示的该客人具体入境的时间和地点。

从图10-11中可知，该客人于2018年9月1日由上海浦东机场入境，若签证有效期为30天，则该客人最迟应在2018年9月30日前出境或在此之前办理好签证延迟手续。

图10-11　入境信息

任务六　入住登记表和团队接待单

一、入住登记表填写内容

散客入住登记表（Registration Form）的填写包括三部分内容（见图10-12）。

一是客人的证件信息，如前面所述。如是酒店会员，则需登记会员号码和会员等级。

二是客人入住酒店以及酒店经营所需信息，包括：入住时间和离店时间、房号、房型、房价、房间数量、付款方式、几个成人/几个小孩、联系方式、电子邮箱、其他要求和需要安排的内容、备注、负责接待人签名等。

三是宾客须知和客人、经办人签名和日期。

临时住宿登记表
REGISTRATION FORM OF TEMPORARY RESIDENCE

浙江经济大酒店

英文名 Surname in English		英文姓 First Name in English	
中文姓名 Name in Chinese		性别 Sex	出生年月 Date of Birth
房号 Room No.	房租 Room Rate	国籍/地区 Nationality/Territory	
证件种类 Type of Certificate		证件号码 No. of Certificate	
签证种类 Type of Visa		签证有效期 Date of Expiry	签证机关 Issude by
职业 Occupation		入境口岸、日期 Date & Port of Entry	
境外永久地址 Permanent Address			
抵达日期 Date of Arrival		离店日期 Date of Departure	
从何处来 Where from		去何处 Where to	
停留来由 Purpose of Stay		接待单位 Received by	
酒店填写 FOR HOTEL USE ONLY			
付款方式/Settle by	现金/Cash ☐	信用卡/Credit Card ☐	其他/Others ☐
备注/Remarks			

宾客须知/Notice to Guest

礼宾部和客房均设有免费保险箱，贵重物品请寄存，酒店对任何遗失不予负责。

Safety deposit boxes are available in your room and concierge free of charge. The hotel will not be liable for any loss of your valuables.

退房时间是正午12时整。

Check out time is 12:00 noon.

访客必须在接待处登记。

Visitors have to be registered at reception counter.

本人同意按每周或款项达到人民币1000元时，付清在住店期间之内所有账项。

I agree to pay all charges incurred by me during my stay in the hotel and to settle my account once amounts to ￥1000 or weekly.

宾客签名 Guest Singnature	员工签名 Clerk

图10-12 散客住宿登记表

模块十
入住

团队或会议人员办理入住登记手续时如无团签，则酒店需要收齐每位成员的有效证件，复印扫描，录入生成团体人员入住登记表，从PMS报表（见图10-13）中打印出团队住房清单。团体人员需登记的内容见图10-14：该团上一站从哪里来、下一站去哪里、入住时间、离店时间、入境口岸和时间以及所有团体人员的姓名、性别、出生年月、国籍、证件名称、证件号码、签证种类、签证有效期和分配的房号等。

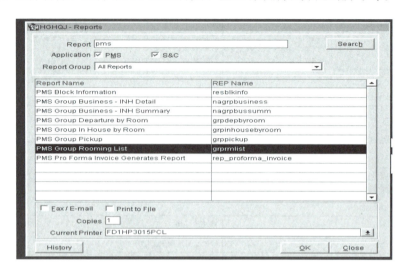

图10-13　PMS 团队住房清单

浙江经济大酒店
Zhejiang economy hotel

团体人员临时住宿登记表
TOURIST GROUP REGISTRATION FORM OF TEMPORARY RESIDENCE

何处来　　　　　去何处　　　　　抵店日期　　　　　离店日期
From Where _____ To Where _____ Date of Arrival _____ Date of Departure _____

姓名 Name in Full	房号 Room No.	性别 Sex	出生年月 Date of Birth	国籍 Nationality	证件名称 Name of Certificate	证件号码 No. Certificate	签证种类 Type of Visa	签证有效期 Visa Validity

Received by /Group Name
接待单位及团名_____

Hotel Stamp
饭店盖章_____

Pront Desk Agent
前台接待员_____

图10-14　团体人员入住登记表（示例）

二、团队接待单登记内容

团队接待单又叫团队信息单、团队变动单等，其样式如图10-15所示。团队接待单的登记内容分为三部分。

GROUP MOVEMENT LIST
团队变动单

浙江经济大酒店
Zhejiang economy hotel

Group Name 团　　名 _____	Group Code 团　　号 _____

Nationality
国　　籍 _____　　　　Pax　　　　　　　　　No. of Rooms
　　　　　　　　　　　　　　　　　人　数 _____ 房间数 _____

Arrival Date　　　　　　　　　　　　From
抵达日期 _____　　　　从何地来 _____

Departure Date　　　　　　　　　　To
离店日期 _____　　　　到何地去 _____

T/L Rm No.　　　　　　　　N/G Rm No.　　　　　　　　　L/G Rm No.
领队房号 _____　　　　全陪房号 _____　　　　地陪房号 _____

Date 日期	Morning Call 叫早时间	Breakfast 早餐	Breakfast Venue 早餐地点	Luggage Down 取行李	Check Out 离店日期

Remarks备注: _____
_____

CC抄送: Operator 总机 _____ Bell Service 行李房 _____ Front Desk Agent 前台接待 _____
House Keeping 管家部 _____　F&B 餐饮部 _____　Date 日期 _____　Time 时间 _____

图10-15　团队接待单/团队信息单/团队变动单

第一部分内容为该团队信息，包括：团名、团号、国籍、团队人数、用房数量、入住时间、离店时间、上一站从哪里来、下一站去哪里、领队/全陪/地陪的房号与联系电话、司机房号与行李车车号、团队入境时间和地点、预计到达酒店时间等。这部分内容往往可提前从团队预订单上获知并抄录下来。

第二部分内容记录的是该团队在酒店入住期间的每天叫早时间、吃早餐时间（地点由餐饮部安排后通知前台），以及最后离店前的出行李时间和离店时间。这些时间安排需要前台员工每天与团队的地陪或领队/全陪联系后加以落实。

第三部分内容是备注或需要补充说明的团队情况或需求。如某些房间不需要叫早，或某些客人的饮食需要素食，或某些客人需要安排无障碍客房等。

团队接待单一式五份。填写好后分送总机房、餐饮部、行李房和客房部，一份留在前台。行李房依此送团队行李和出团队行李；总机房、餐饮部、客房部依此做好安排和接待该团队的服务工作。

能力训练

请根据图10-10中客人护照的基本信息、图10-7中的签证信息及图10-11中的入境信息，填写宾客住宿登记表（见图10-16）。

临时住宿登记表
REGISTRATION FORM OF TEMPORARY RESIDENCE

浙江经济大酒店

英文名 Surname in English		英文姓 First Name in English	
中文姓名 Name in Chinese		性别 Sex	出生年月 Date of Birth
房号 Room No.	房租 Room Rate	国籍/地区 Nationality/Territory	
证件种类 Type of Certificate		证件号码 No. of Certificate	
签证种类 Type of Visa		签证有效期 Date of Expiry	签证机关 Issude by
职业 Occupation		入境口岸、日期 Date & Port of Entry	
境外永久地址 Permanent Address			
抵达日期 Date of Arrival		离店日期 Date of Departure	
从何处来 Where from		去何处 Where to	
停留来由 Purpose of Stay		接待单位 Received by	
酒店填写 FOR HOTEL USE ONLY			
付账方式/Settle by	现金/Cash □	信用卡/Credit Card □	其他/Others □
备注/Remarks			

宾客须知/Notice to Guest

礼宾部和客房均设有免费保险箱，贵重物品请寄存，酒店对任何遗失不予负责。

Safety deposit boxes are available in your room and concierge free of charge. The hotel will not be liable for any loss of your valuables.

退房时间是正午12时整。

Check out time is 12:00 noon.

访客必须在接待处登记。

Visitors have to be registered at reception counter.

本人同意按每周或款项达到人民币1000元时，付清在住店期间之内所有账项。

I agree to pay all charges incurred by me during my stay in the hotel and to settle my account once amounts to ￥1000 or weekly.

宾客签名 Guest Singnature		员工签名 Clerk	

图10-16　填写散客住宿登记表

任务七　押金

押金也叫预付金（Advance Payment），是指按照酒店财务部有关规定，前台服务员要求客人预先支付房费和不可预测费用的一种付费方式。

押金的常见支付方式包括刷支付宝或微信二维码（或支付码）、现金或等同于现金数额的外币担保、信用卡预授权、酒店财务部同意的或有销售部担保可支付的公司转账支票四种。

押金的数额依据房价、入住天数、可签单消费场所的有无（住店客人在酒店内的消费一般都可以先签单，到退房时一并结清）、房内是否开通国际长途、是否提供迷你吧（Mini Bar）消费等情况收取。多数高星级酒店会多收一天的房费作为押金。如某客人住两个晚上，房价为500元每晚，则收取押金：500×3=1500（元）。签单机会少的酒店收取的押金通常为所有房租数额再加上100~200元的杂费押金。

◎刷支付宝或微信二维码（或支付码）

如图10-17所示，在POS机上点击"押金收银"，在收款界面输入要收取的具体押金数额即可；或者点击"远程预授"，就会跳出在线预授权的界面（见图10-18），完成后生成一张带二维码的预授权结算POS机单（见图10-19）。注意：前台员工一定要保管好这张POS机预授权结算单，待客人退房结账时会用到该结算单上的二维码进行最终的结算。

图 10-17　押金收款界面

图10-18　在线预授权界面　　　　　图10-19　预授权结算POS机单

◎信用卡预授权

信用卡预授权，是指通过POS机从信用卡持卡人的账户中冻结一定的金额来作为持卡人在酒店内的消费押金的一种付费方式。但事实上，这笔钱仍在持卡人的信用卡账户中，并没有划到酒店的账户中，只有在持卡人结账并签字确认后，酒店才能收到这部分款项。这样做是为了保证持卡人信用卡里的金额足够当前消费使用。"预授权"是信用卡特约商户保护自身合法权益，规避信用卡诈骗的有力武器。它是特约商户在信用卡持卡人实际结算账单之前，在合理范围内先行冻结一定的信用额度的行为。此外，要注意的是，国内信用卡的预授权号码都是6位数字，国外常见信用卡中VISA（维萨卡）、MasterCard（万事达卡）、JCB卡的预授权号码也为6位数字，AE（运通卡）的预授权号码为2位数字，Diners（大莱卡）的预授权号码为4位数字。在做信用卡预授权时，客人无须在签购单上签字，只需要在离店的时候，即做离线交易（Offline，即预授权完成结算）时签字即可。但如果客人离店时不到前台做自动退房，则需要客人入住时做手工压卡，在压卡单上预先签字（详见模块十一介绍）。

在POS机上按菜单（Menu）键，屏幕上出现多个可选操作项目（见图10-20）："凭密消费"表示可直接刷卡消费；"预授权"就是做信用卡的预授权；"撤销"就是指撤销预授权的操作（详见模块十一介绍）。信用卡在 POS机上做预授权后，务必需要留存做预授权时的日期、时间、查询号、预授权号码和预授金额，以方便及时撤销该笔冻结金额或做退房结账离线使用。信用卡预授金额与用现金作押金收取的金额相同。如图10-21所示，以2009年1月26日上午8点14分23秒做的一笔信用卡预授权为例，做预授权的日期和时间为"2009/01/26 08:14:23"，查询号为"004745"，预授金额为"0.01"元，预授权号码为"880783"。

图10-20　POS机上的菜单选项　　　　　图10-21　预授金额和号码

◎ **转账支票**

除酒店财务部允许，或有销售部等部门领导作担保外，一般前台不收取转账支票作为押金。前台人员收取转账支票时要注意支票开具时间及有效期，并计算退房结算时间是否在有效期内，否则将无法兑付。要留下付支票人的姓名、有效证件号码和具体的联系方式。图10-22为一张中国建设银行的转账支票正、反面。

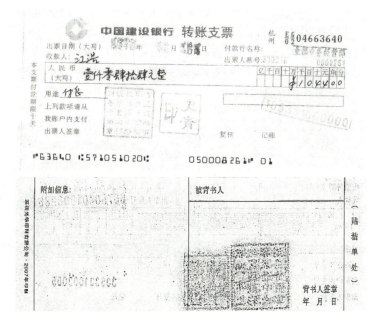

图10-22　中国建设银行转账支票（正、反面）

另外，用现金或等额的外币作押金时，或用转账支票作担保时，前台服务人员都需开具收据给客人，如图10-23所示。传统的纸质收据通常为一式三份：一份给客人作为已支付的凭证；一份与现金一起交财务部做账（转账支票暂时先存放在后台的贵重物品保险箱内）；一份与入住登记表、预订单等一起放入对应房号的客人入住登记卡（Registration Card，RC）袋中。收据上应注明每张外币的号码或转账支票的具体信息。

图10-23　收据

♀ 项目二　入住登记程序及理解

任务一　散客入住登记程序

观看教学视频，学习并分析有预订散客入住登记程序。研究：其核心要素是什么？是否可删减或添加新的元素？

10-12
教学视频：有预订散客入住

散客入住登记程序：

（1）问候客人，表示欢迎，询问需要什么帮助。

（2）在客人表达要办理入住后，询问客人的姓名，确认其是否已做预订。

（3）若客人没有预订，则向客人了解其所需，进行销售；若有预订，则调出预订单，预订界面见图10-24，对预订内容做确认或调整。

（4）在旅馆业前端采集系统（如旅馆业治安管理信息系统）内做人脸识别：请客人出示身份证，将身份证放在机器上进行人脸识别比对（见图10-25）。若客人持护照等其他有效证件，则复印并扫描相关证件。

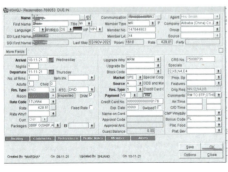

图10-24　预订界面

图10-25　人脸识别比对

（5）排出房间，确认房态：已排好房间的房态应为Clean房（干净房）。

（6）在旅馆业治安管理信息系统和数字酒店HOS管理系统内填写好客人的各项信息，并保存，见图10-26~图10-28。

图10-26　在旅馆业治安管理系统做人脸比对与登记　　　　图10-27　护照登记

（7）请客人支付房费和押金。如押金是现金、外币或转账支票形式，则需填写押金收据；也可采用信用卡或支付宝、微信扫码等形式。

（8）双手将房卡递给客人，告知酒店相关信息，祝客人入住愉快。

为加快入住登记程序，送别客人后，前台员工需补全和完善系统中的相关内容：

在预订界面（见图10-24）点击"OK"，就会跳出"Check in"提示，点击"Yes"就完成入住、改变房态了；不是预订界面则直接点击"Check in"。随后将押金和押金收据交收银员或当班做包账的接待员，并输入电脑。

图10-28　数字酒店HOS管理系统

在Opera系统中打印出入住客人的RC；将客人的入住资料、押金收据等所有单据放入对应入住房号的RC账袋中。

在数字酒店HOS管理系统内，将护照等有效证件信息完整录入并提交上传，汇总到酒店《外宾信息汇总表》内，由夜班前台员工负责将当天入住的《外宾信息汇总表》提交至所在城区涉外酒店管理部门。

办理入住时，还要注意客人的会员等级，及时办理升级送积分和优惠减免等。

信用住（Fliggy Payment Type）登记程序：

现在很多客人在办理入住时，会采用信用住的形式。

信用住指的是飞猪（Fliggy）等平台推出的入住免押金，离店免查房，离店后自动通过第三方支付渠道（如支付宝等）进行酒店费用结算的一种入住方式。

另外，为加快入住登记速度，可请客人一并在欢迎卡（即房卡袋）、押金收据和入住登记表上签字，同时务必及时将人脸识别或复印登记后的有效身份证件、做押金担保的信用卡或押金收据交还给客人，并注意应小声告知客人其入住房号。

如客人有传真、邮件、留言、快递等，应确认后在办理入住登记时一并交给客人。

对于未经预订直接抵店要求住宿的客人，接待员应首先了解客人的用房要求，热情向客人介绍酒店现有的、可出租的房间种类和价格，确认客人能够接受的房价、折扣、房型后，迅速为客人办理好入住登记手续，使客人留宿酒店。

对于持订房凭证（Voucher）办理入住的客人，接待员应注意检查下列八个方面的内容：客人的姓名（旅行团号）、酒店名称、居住天数、房间类型、用餐安排、抵店日期、离店日期和发放订房凭证单位的印章。核实后，接待员可向客人收取除房费外的杂项费用方面的押金，快速为客人办理好入住登记。

思考与练习

1.入住登记程序的核心是什么？也就是说，入住登记程序中最重要、最不可缺少的是哪一个环节？其次是哪个环节？再次是哪个环节？为什么？

若你能回答以上问题，也就明白了入住登记程序的设计思路。只有在厘清酒店收取押金、办理入住登记信息等原因后，才能依据这些原则灵活地处理好各种入住问题，从而提高工作效率。

2.观看学生作品，回答以下问题：

（1）还需修改、删减或增加哪道入住程序或内容？

（2）点评视频中入住登记做得好的方面和不足之处。

10-13
学生作品1：办理散客入住登记

10-14
学生作品2：散客入住登记

任务二　团队入住登记程序

观看教学视频，学习并分析团队入住登记程序。研究：其核心要素是什么？是否可删减或添加新的元素？

团队入住登记程序：

（1）根据团队预订资料预先排好房间，输入电脑系统，做好房卡，如果团费要求现付，则需计算好团费，填写好团队接待单的第一部分。

（2）团队抵达时，与地陪核实团名、团号、团队人数和用房数、离店时间等信息，确认无变化。如用房数有增加需补上旅行社凭证；如团费要求现付，应及时收进团费和杂费押金或做信用卡预授权。

10-15
教学视频：团队入住登记

（3）收进团签或填写团队客人登记表。如没有团签，则请地陪配合收取所有团员的有效证件，逐一录入登记和复印扫描（国内团队客人则逐一做人脸识别），复印后请领队或全陪在复印的团签或团队登记表上分配好房号。

（4）拿到分房名单并确认团队用房房态为"Clean"后给客人发放房卡，告知用餐地点、房间内的电话怎样拨打等客房使用信息。

（5）在电脑系统内及时点击团队入住（Check in）键，改变团队用房的房态。

（6）给地陪早餐司陪券，或办理好司陪（即地陪和司机）房的入住登记手续，补充、填写完整团队接待单，落实好次日团队的叫早时间和用早餐时间。如为次日退房，还需要落实好该团队的出行李时间和具体离店时间。请地陪签名并留下联系电话。

（7）将团队入住信息输入完整，打出该团队住房明细表，一式五份。其中，四份与团队接待单一起分送行李房、总机、餐饮部和客房部，一份与团队订房资料、团队入住登记表、付款证明等一起放入"入住团队文件夹"内，放入专门放团队资料的抽屉内。如收进房费，则交给收银员或当班做包账的接待员并输入电脑系统。

团体客人（包括团队客人和会议客人）是酒店的重要客源。接待好团体客人对于建立稳定的客源市场，提高客房出租率，保持与增加营业额，开拓潜在客源，扩大酒店知名度具有重要的意义。因此，在团体客人抵店前，接待处应做好各项准备工作，避免在客人抵店时，酒店大厅内出现拥挤阻塞的混乱现象。如是大型团体，酒店可以在指定区域或特别场所为客人办理入住手续。如是VIP（Very Important Person，贵宾）团入住，可先发房间钥匙（或房卡）给客人，让客人先进房间休息，留下领队及陪同人员协助办理所需入住手续或在房内为客人补办登记手续。

10-16
武汉金盾舒悦大酒店
自助入住体验对比

要注意的是，团队房费一般是由旅行社事后统一与酒店结算的。前台员工应注意对团队房价的保密。除房费外，团队客人在酒店其他营业部门的消费需要现付结清，不能挂账。

如入住时，团队需要增加房间或需要加床，前台员工要及时与销售部联系，经销售部同意确认，保证在团队离店前能拿到订房机构加房或加床的书面订单后方可办理，同时要请陪同人员或领队书面注明需要加房或加床的原因并签名。如订房机构不同意或不能及时拿到追加的书面订单，则应跟客人讲清楚并请客人按现行房价付清加房或加床的费用，或先交押金待退房时再做结算。

10-17
武汉金盾舒悦酒店
之自助入住办理

任务三　自助入住

自助入住办理的核心是要完成：点击"我有订单"（见图10-29），在现场预订、网上预订、协议订单、团体订单中点击某一项。如图10-30所示点击"网上订单"，然后刷身份证，进行人脸识别（见图10-31），验证通过后客人即可获取入住凭证小票和房卡（见图10-32~图10-35），并可在机器人的操作界面上输入房间号码，由它带领去房间。客人可以刷脸坐电梯，也可以刷脸开房门等（见图10-36）。

若入住信息有变，客人需在入住前修改有关信息，修改完成并提交通过后再完成以上操作。

图10-29 "我有订单"界面

图10-30 选择"网上订单"

图10-31 开始人脸识别

图10-32 人脸识别验证通过

图10-33 提示正在打印小票

图10-34 可取走入住凭证小票

图10-35 取走房卡

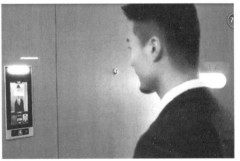

图10-36 刷脸开房门

👤 能力训练

可能出现的各种入住情况的处理训练：

1. 客人办理入住登记时发现还有更便宜的房价时，你该怎么应对？

2. 如图10-37所示，客人说订了房，但自助机上却找不到以客人姓名订房的预订单或预订信息，此时你该怎么处理？

3. 客人办理入住登记时才发现忘带有效证件，或者办理入住登记时发现护照上的签证已过期，这两种情况下，你该怎么办理？

图10-37　远鲸自助办理入住

4. 一位客人上午11:00登记入住，但房间尚未做好卫生，你该怎么办？

5. 如果客人进入房间后，打电话来说他不喜欢这个房间，要求换房，你该怎么办？

6. 一位非住店客人到前台请你转交一包物品给一位有预订但尚未到达的客人，你该怎么做？

7. 当发现客人用于支付的信用卡是黑卡时，你该怎么做？

8. 在办理入住登记查验有效证件时，若发现客人可疑或与通缉令上被通缉的人相貌相似，你该怎么做？

9. 在客流高峰时期，客人等候办理入住手续的时间过久，从而引起抱怨，你该怎么做？

👤 拓展学习

酒店管理系统又称PMS（Property Management System），是帮助酒店管理订单和事务的软件。扫码10-18，阅读学习PMS和不同业务场景下的PMS实操演练。

10-18
What is PMS?

👤 思考与练习

1. 讨论分析：针对VIP客人、会议客人的入住登记程序有什么不同？应注意哪些问题？

2. 设计用手机在酒店微信小程序上办理入住程序：

（1）散客入住；

（2）团队入住。

👤 回顾与小测

计算签证有效期： 一位客人于5月1日在杭州萧山国际机场入境，其签证信息如图10-38所示。请问他最迟应于几月几日离开中国？

图10-38　签证页

模块十
入住

137

模块十一 退房结账

学习目标

◎ 知识目标

1.退房结账过程中可能碰到的各种问题以及相应的解决办法。

2.散客退房、团队退房和会议退房应注意的事项。

3.不同方式的结账处理。

◎ 课前小测

有效证件+护照设计思路+申根协定分别是什么？

◎ 能力目标

1.会做现金、信用卡、支票、挂账、支付宝或微信结账等各种退房处理。

2.能处理退房结账过程中发生的各种问题。

3.会使用信用卡。

11-1
课前小测

⚲ 项目一 退房结账的方式

目前，客人退房结账的方式主要有五种：通过支付宝或微信结账、现金支付、信用卡支付、支票支付、签字挂账。通常情况下，客人退房结账时多会以入住时的押金支付方式来结算。当然，也有改用其他支付方式的，如退回现金改用信用卡支付，或者不用信用卡结算改用现金支付或支票支付，等等。

任务一 使用支付宝或微信结账

如果客人入住时押金是通过支付宝或微信支付的，那么应先调出支付宝或微信支付的预授权结算POS机单，点击POS机查询订单（见图11-1右上角），出现如图11-2所示扫码状态，将调出的POS机单下方的二维码对准扫码框处扫码，就会跳出结算界面，输入客人的应付金额，点击"结算"就完成了预授权结算结款（见图11-3）。注意，输入金额后要检查一下，不要输错数字，如把669.99输成699.99等。否则，多收款项要走退款流程，少收款项要走追账流程。如多收了款项，支付款项完成后第二日再要求退款的就要写申请，并交酒店财务部审核，因为预授权结算之后只能当天退回；如少收了款项，因为预授权结算以后无法在POS机上进行追收操作，所以还要再联系客人交钱。

图11-1　查询订单界面　　　　图11-2　POS机扫码界面　　　图11-3　预授权结算POS机单

　　此外，还应注意不要出现微信支付与支付宝支付不匹配的情况，即收了客人来自微信端的钱，入账时付款方式却选成了支付宝；或者客人是用支付宝付账的，入账时付款方式却选成了微信。这样的话就要做调账。

　　如果客人退房结账时改用支付宝或微信支付，请客人扫酒店结算二维码（即付款码）即可支付结账。

任务二　现金退款

　　现金退款（Cash Refund）指的是向客人退回剩余现金押金的一种方式。如前面"押金"章节所述，假设某客人12月1日入住，12月3日12:00前离店，房价为500元每晚，入住时已收取押金1500元。除了房费外，还有如下消费：房内迷你吧（Mini Bar）20元，洗衣50元，中餐厅用餐200元，因此结账时还应退还给客人230元。账单可简单罗列如下：

```
                              Balance:    230 -
12月1日　现金Cash                         1500 -
12月2日　房费Room Charge                   500 +
12月2日　洗衣Laundry                        50 +
12月2日　中餐厅用餐Chinese Restaurant       200 +
12月3日　房费Room Charge                   500 +
12月3日　迷你吧Mini Bar                      20 +
```

　　接待员在双手递上并报上金额退给客人230元人民币的同时，会填写一张Cash Refund单据（即现金退款凭证），如图11-4所示。接待员应写明退给客人的金额、客人的房号和具体经办人后，再请客人签名。这是一种财务规定，即从酒店柜台里支出的每一笔钱都需要有具体的支出凭证予以证明；另外，也可以此证明客人退房后已收回多收的现金押金。因此，退房时勿忘向客人收回押金单。如果客人丢失了押金单，需复印客人的有效证件，并说明理由。在一些高星级酒店，每笔现金退款还需要大堂经理授权签名，见图11-5右下角。财务部还会核对入住时押金收据和现金退款单上的客人签名是否一致。

图11-4　Paid Out/Cash Refund单据（现金支出凭证）　　　　图11-5　现金退款单

如上例，最后做退房处理，在电脑内应做如下处理：

		Balance：	0
12月1日	现金Cash		1500 -
12月2日	房费Room Charge		500 +
12月2日	洗衣Laundry		50 +
12月2日	中餐厅用餐Chinese Restaurant		200 +
12月3日	房费Room Charge		500 +
12月3日	迷你吧Mini Bar		20 +
12月3日	退款Cash Refund		230 +

任务三　信用卡结账

 案例1

面对各式各样的信用卡，你会用吗

怎么使用信用卡？面对外国人手里拿着的外国信用卡，本地商户应该怎么办？杭州人去外地，怎么刷卡取现才是最安全的？中国银行浙江省分行银行卡部的专家说，这里面大有学问。

中国银行浙江省分行银行卡部专家毛师傅说，辨别外卡真伪其实也不难。首先，目前国内可受理的外卡共分五种：VISA（维萨卡）、MasterCard（万事达卡）、AE（运通卡）、Diners（大来卡）、JCB卡。中国银行在浙江省范围内已有190家网点开通外卡取现业务。其中，Diners（大来卡）和JCB卡的柜台取现手续费为4%，AE（运通卡）的柜台取现手续费为每笔6美元，非中行发行的VISA（维萨卡）和MasterCard（万事达卡）的柜台取现手续费为3%。

以上每种信用卡卡号的首位数字和排列顺序都有自己的规律，其中VISA卡的卡号首位数字是4，如果卡号位数有13位，那么排列顺序就是"4-3-3-3"，如果卡号位数有16位，组合顺序就是四个一组"4-4-4-4"；MasterCard卡的卡号首位数字是5，共有16位数字，以四个一组"4-4-4-4"排列；AE卡的卡号首两位数字是37或34，卡号有15位数字，排列顺序是"4-6-5"；Diners卡的卡号首两位数字是36或38，卡号有14位数字，按照"4-6-4"的顺序排列；JCB卡的卡号首两位数字是35，共有16位数字，排列方式也是四个一组。看到有外国人拿着这样的信用卡，商家在刷卡之前最好先确认卡号的排列有没有问题。

银行卡专家提醒，不论在哪里刷卡消费，只要不是卡纸或缺纸，没有成功打印POS机单据都被视作交易不成功。如果刷卡不成功，消费者应该尽快对信用卡的账户余额进行查询，确认卡片是否正常以及不成功消费金额是否入账。如果消费金额已经入账，可以拨打热线电话要求银行协助查询，调回不成功消费金额。

如果在取现时发现ATM机实际吐出的人民币金额和你账户上的扣款金额不一致，消费者则要保留原始凭证，及时与银行联系。发卡银行会根据情况调阅原始单据或通过其他手段来查证。

摘自：肖俊健，《都市快报》2008年7月16日第36版。

信用卡预授权撤销

某日，王女士为客户订房一间，使用本人牡丹卡为其担保，预订时前台接待员做了预授权人民币1000元的处理。王女士要求在客人离店账务结清后通知她，并取消该笔授权。王女士的客户结账离店时，前台接待员为提高效率，与客人商量采用在POS机上做离线交易0.01元的方式（预授权完成结算）取消王女士的信用卡授权。王女士的客户欣然同意，并答应把单子交给王女士并讲清楚。事后，王女士对这样的处理方式很不满意，认为这样的操作未经她本人同意，很不严谨。她很担心。她认为这不只是0.01元钱的问题，而是性质问题。

分析：虽然前台接待员这样操作的用意是为了提高效率，更好地为客人服务，但在此过程中却忽略了一个关键问题——未经持卡人本人同意。王女士说得很有道理，这不仅仅是一分钱的问题，必须引起结账人员的重视。

除了用现金结账外，商务客人大多选择使用信用卡来结算他们的住店费用。这样一来方便安全，二来当刷卡金额和次数较多时，客人还能获得信用卡公司的积分和奖励。

若客人入住时用的是信用卡（即做了预授权），在退房时也仍用该张卡来结账，则接待员只要调出预授权POS机单，扫描预授权POS机单下方的二维码，输入客人的实际消费金额，就完成了预授权结算结款，最后请客人签名即可。若客人改用现金或换另一张信用卡支付，则接待员在收进现金或直接刷另一张信用卡（即做消费）结账后，还需对已做预授权的那张卡做预授权撤销。同理，若客人的住店押金为现金，而离店时改用信用卡结账支付，则应将现金返还客人（做Cash Refund），礼貌地向客人要信用卡，在POS机上直接刷卡，打印POS机单后请客人签名并核对持卡人签名。

◎ 预授权撤销

预授权撤销程序如下：

（1）按POS机上的菜单键，选择数字键2"预授权"（见图11-6）。

（2）选择图11-7中的数字键2，做预授权撤销。

（3）扫预授权POS机单上的二维码（见图11-8），在跳出的界面处输入要做撤销的金额（如0.01元）。

（4）按"确认"键，则预授权撤销完成（见图11-9）。

图11-6　POS机上的菜单界面

图11-7　预授权操作选择

图11-8　预授权POS机单（下方有二维码）　图11-9　预授权撤销完成后的POS机单

◎ **离线交易**

若客人入住时用的是信用卡或借记卡（即做了预授权），在退房时也仍用该张卡来结账，此时就要使用离线交易方式。

对国内卡来说，离线交易也称预授权完成。要注意的是，预授权完成金额一定不能超过预授权金额，一旦超过就必须做消费（即直接刷卡）。对已做了预授权的国外卡来说，仍用该张卡结账就叫作离线交易。要注意的是，VISA和MasterCard的最高离线金额不可以超过预授权金额的15%；AE卡跟国内卡一样，其离线金额不可以超过其预授权金额。

前台接待员除可通过"预授权撤销"操作来撤销信用卡的预授权外，也可经客人同意后做0.01元钱的离线交易（即预授权完成）来撤销预授权。当然，客人也可选择预授权自动解冻，通常国内信用卡做预授权一个月后可自动解冻，国外信用卡则是15天后自动解冻。此外，当某些信用卡不能做预授权撤销时，接待员应进行人工解冻，如发传真或E-mail到信用卡发行机构及时做解冻。

当出现POS机线路不畅，或客人入住时即要求退房后直接离店等情况，此时前台接待员就需对客人的信用卡做手工压卡处理。

◎ **手工压卡**

手工压卡只针对外国信用卡和国内几大银行发行的信用卡。要注意的是，国内卡里长城卡（中国银行）、牡丹卡（中国工商银行）、金穗卡（中国农业银行）、龙卡（中国建设银行）、太平洋卡（交通银行）有各自单独专用的手工压卡单（也叫签购单，见图11-10~图11-13）。在外国信用卡中，AE、JCB卡、Diners有各自单独专用的手工压卡单，VISA和MasterCard则是共用VISA/Master Card专用手工压卡单（见图11-14~图

11-17）。手工压卡单一式三联或四联，分别为特约商户（号）联或存根、持卡人回单或存根、银行存根和信用卡存根。

图11-10　中国银行长城卡手工压卡单

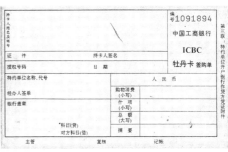

图11-11　中国工商银行牡丹卡手工压卡单

图11-12　中国农业银行金穗卡手工压卡单

图11-13　中国建设银行龙卡手工压卡单

图11-14　AE（运通卡）手工压卡单

图11-15　JCB卡手工压卡单

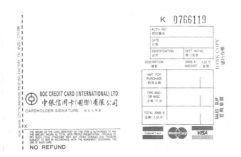

图11-16　VISA/MasterCard专用手工压卡单

图11-17　Diners（大来卡）手工压卡单

手工压卡的具体操作方法是：首先在手工压卡机上，放上信用卡及相应的手工压卡单，然后将持卡人的开卡证件号码（一般是身份证、护照或外国人居留许可号码）写在手工压卡单上的证件号码栏处，请持卡人在签名栏处签名。由于做手工压卡时无法预知卡内具体金额，所以接待员务必要做预授权处理，可打电话到信用卡公司要求预授权，也可先在POS机上做相应金额的预授权。最后在预授权金额内结账时，只需在压卡单上填写相应的商户名称、实际消费金额、预授权号码和日期即可。

任务四　转账支票结账

前台一般不接受转账支票做入住时的担保或用于结账，除非是与酒店有长期良好合作关系、签有协议的相关单位或是由酒店的部门经理担保。一般来说，只有在本地享有较高美誉度的公司或企业才可以使用转账支票支付。

一、转账支票的填写

转账支票是用于同城单位之间付款的支票。如图11-18所示，它由两部分组成：左边是存根，必须如实填写出票日期、收款人、金额和用途。存根是付款单位留存用来做账的，字迹要求规范清晰。右边是支票正文，正文要填写的内容包括：正确的大写日期（注意：日期若写成小写，银行有权不受理）、收款人全称（即酒店全称）、大小写的人民币的数额（一定要顶格来写，不能留有空隙，小写必须用符号"￥"封口）、用途（如"货款"等）。如实填写支票内容，并检查支票下方是否有出票人签章，即要同时有客户公司的财务章和法人章（切记公章之间不得相互交叠）。这样一张付款的转账支票就打印或填写完毕了。

图11-18　交通银行转账支票填写（票样）

二、转账支票的注意事项

支票是不可以涂改的，而且必须格式正确、字迹书写规范，否则银行有权不予受理。单位一般多用支票打印软件开具支票，如手写支票，还应注意：
（1）切记要用黑色签字笔填写（应使用碳素墨水或墨汁）。
（2）建议先打草稿然后再誊抄上去。

（3）在转账支票的背面，由财务人员在被背书人一栏内填写上酒店开户行的全称，盖上收款账户的印鉴，填上用途、日期，再填一张转账进账单就可以了。注意收进支票时应在转账支票的背面下方空白处用铅笔注出交付支票的经办人姓名、身份证号码、联系电话和单位地址等。

（4）支票的提示付款期限为自出票日起10天。

（5）用支票夹存放支票，以防支票出现皱折而被银行拒绝受理。

任务五　挂账

客人要求挂账

某天晚上11:00，大堂经理正准备下班，电话铃声急促地响起，桑拿中心收银员小王急切地说："经理，777房的客人一定要挂账，而挂账单位却未提前通知我们，客人在这里发火……"

大堂经理即刻上楼了解情况，原来客人是酒店一协议单位客户，房费挂账，现于桑拿中心消费180多元，客人要求记入房间。而收银员未接到通知，故未予答应，要求客人先与挂账单位联系，客人称对方早已关机，因此很恼火。

大堂经理深表歉意，耐心解释，请客人息怒。考虑到该客人为常客且信誉良好，就委婉地跟客人协商说："先生，您看这样好不好？今天呢，我们先把费用记入房间，明天如果协议单位不同意，您再改用现金结账，好吗？希望您能谅解，配合我们的工作。"客人连忙道："好！好！好！你放心，我是他们公司的重要客户，再说明天我也不会跑掉，我要住一个礼拜呢。"第二天，前台果真接到对方公司老总的电话，声称昨天忘了通知，777房客人的所有费用都可以挂账到房间。

理论知识

挂账（City Ledger）签单是当今许多商家增收创利、拉客源的一种营销手段。在酒店实务中，旅行社团队和公司客户是挂账较多的对象。如果客人提出挂账要求，前厅员工要经财务部门同意后才可以挂账。

"挂账"一词源于会计实务，由于账务以及历史原因，它是会计人员的一种习惯性使用方式。挂账就是把付款单位同意为其支付的客人在酒店发生的部分或全部消费记在账上，然后定期根据双方事先签订的协议进行统一结算的支付方式。

"签单"就是外来单位及个人在酒店发生消费时可不必现付，由消费方授权的指定签单人进行签字确认后，挂在账上，事后再统一进行结算。签字确认后的单据和金额为双方最终结算之依据，属于消费协议的一种形式。

酒店内部应建立允许挂账消费的审批程序，并制定落实内部担保人和责任人的风险防范措施。

任务六　信用住结账

信用住（Fliggy Payment Type）指的是飞猪（Fliggy）等平台推出的入住免押金，离店免查房，离店后自动通过第三方支付渠道（如支付宝等）进行酒店费用结算的一种入住方式。客人若采用信用住形式入住酒店，则退房时享受免查房服务，可直接离开酒店。

知识拓展

日立和东芝推出指静脉支付服务

日立制作所和东芝推出了"刷手指"支付服务。该服务利用了日立的手指静脉生物体认证技术和东芝的POS终端，可降低伪造银行卡片等假冒风险。生物体认证技术已开始在金融及支付领域推广。

用户在收银台处的读取器上按压手指，读取器可根据手指的静脉图案进行个人认证，几秒钟之内即可完成电子支付。如果用户已在店内的专用终端上预存现金，就不再需要信用卡或手机进行支付了。支付系统及个人信息由零售店方进行管理。

日立擅长手指静脉认证技术，东芝子公司东芝科技在零售店的POS终端领域占有约50%的日本国内市场占有率。零售店将支付信息与POS数据结合在一起，可以对每位顾客进行销售数据分析。

2019年，日本的无现金支付比例约为20%，日本政府计划在2025年之前将比例提高至40%，各IT公司已陆续涉足使用手机的无现金支付业务。但这种支付方式存在手机丢失被盗用的风险，因此生物体认证的安全性备受关注。

摘自：https://www.sohu.com/a/299081056_100014117. 2019-03-04.

⚲ 项目二　退房结账程序及理解

退房结账是客人在酒店的最后一个环节，一方面要严格把关，确保酒店收入不流失；另一方面需要提高服务效率、增强服务意识及质量，以提高客人的满意度。

任务一　散客退房结账程序

观看教学视频，学习并分析散客退房结账程序。研究：其核心要素是什么？是否可删减或添加新的元素？

11-2
教学视频：散客
退房结账

散客退房结账程序：

（1）询问客人是否要办理退房，若是，则选择"退房"（Check Out），如图11-19所示。

（2）询问客人是否需要叫车，若需要则通知行李房。

（3）确认是哪间或哪几间房间退房，收回房卡和押金单。

（4）通知客房部查房并迅速从对应房号的RC账袋中取出所有资料。

（5）询问客人是否用原来的押金方式结账。询问客人今天有无用过小酒吧（Mini Bar），如果没有，根据客人要求出账单；如果有，则请客人报出用了哪些物品，核对电脑记录或填写小酒吧单并将消费金额输入电脑。如果客人不清楚，请客房部查房后报来，核对电脑内记录或录入。

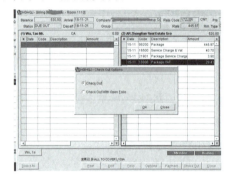

图11-19　选择"Check Out"

（6）请客人核对账单并签名。

（7）结账处理。

（8）双手将结账凭证（账单、信用卡消费单顾客联、发票等）递给客人，并祝其旅途愉快。

（9）在电脑系统里进行平账处理（即Balance为0），确认已改变房态，将客人的资料、单据等装订后放入指定位置，交夜审人员审核。

任务二　团队退房结账程序

观看教学视频，学习并分析团队退房结账程序。研究：其核心要素是什么？是否可删减或添加新的元素？

11-3
教学视频：团队退房结账

团队退房结账程序：

（1）前台人员早班到岗后，即开始查看团队接待单上的团队离店时间，拿出团队资料袋，准备做团队退房处理（"两确认"：确认团队房中是否有杂费需要客人自行付清，若有，确认具体是哪间或哪几间团队房；确认团费已付或有挂账凭证）。

（2）确认团队离店时间，并提前5分钟通知客房部准备查房，结清所有杂费（若联系不上客人，可请地陪协助解决），收回房卡。

（3）待客房部查房并确认无误后，向地陪或领队/全陪道别（如查房异常，可请地陪协助解决）。

（4）点击"退房"（Check Out），在电脑系统里进行账目处理，确认已改变房态；将团队客人的资料、单据等装订后放入指定位置，交夜审人员审核。

👤 能力训练

可能出现的各种退房情况处理：

1.客人已离店，然而客房部查房后发现客房内少了某样东西（如衣架、裤架或者浴袍等客房用品），甚至客房内的东西有破损，需要客人赔偿时，你该怎么处理？

2.客人退房时间比规定时间晚了1个小时或更多却没有事先打招呼，也不愿为此多付半天房费，遇到这种情况你该怎么处理？

任务三　自助退房

现在有不少智慧酒店，客人可在客房内通过手机等移动终端办理自助退房（见图11-20和图11-21），或离店前在酒店大堂的自助机上办理自助退房（见图11-22~图11-24）。

手机端自助退房的主要流程包括：在手机上点击操作自助退房，结清相关费用，获得电子账单和住宿电子发票，完成客人评价（可获得积分），交回房卡等。

图11-20　手机办理自助退房界面

图11-21　手机上点击"自助退房"

11-4
融合酒店SOP，全面
助推精细化管理

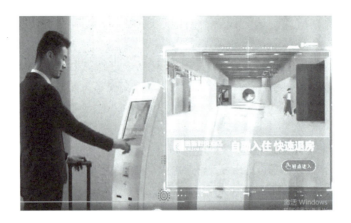

图11-22　自助机上办理退房界面

图11-23　自助机上点击"退房"　　　图11-24　自助机上插入房卡，还掉房卡

思考与练习

1.客人在办理自助退房时会碰到哪些问题？如何解决？

2.设计用手机在酒店微信小程序上办理退房程序：

（1）散客退房；

（2）团队退房。

11-5
回顾与小测1

回顾与小测

1.酒店从建立查退房制度到退房免查房或可办理自助退房，谈谈你对这一变化的看法。

2.不管是线下员工办理退房还是线上办理自助退房，退房程序中的必需环节和要素是什么？

3.转账支票的填写及注意事项包括：

11-6
回顾与小测2

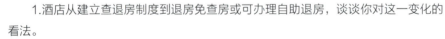
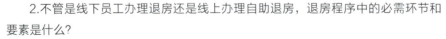

模块十二 外币兑换

学习目标

知识目标

1.熟悉常用外国货币，并掌握汇率换算方法。

2.掌握外币兑换中的注意事项。

3.了解旅行支票的基本知识。

4.了解外币兑换数字人民币的流程。

能力目标

1.会做现钞和旅行支票的外币兑换。

2.会购买、使用旅行支票。

开胃小练

北京地铁新增外币兑换网点

2021年4月12日，新冠疫情后携程首个外币兑换网点——北京东直门网点正式开业（见图12-1）。它是北京首家位于轨道交通线路上的外币兑换网点。前往首都机场的乘客可以在搭乘地铁出行前，完成外币兑换并直达机场。据了解，结合航班情况，东直门门店目前可支持兑换美元、欧元、日元等12个主流币种，后期还将逐步增加至45个币种。试营业期间，营业时间为周一至周五9时至18时。乘客可通过携程APP外币兑换页面进行线上预订，预约后凭个人有效身份证件即可兑换，亦可直接前往门店兑换。

12-1
开胃小练

图12-1　新冠疫情后位于北京东直门地铁站的携程外币兑换网点

摘自：携程旅行网.携程疫后首个外币兑换网点开业发布"出境游心愿预测清单".2021-04-12.

案例导入

　　图12-2是市民程大爷用5万元人民币换来的11张秘鲁币。由于秘鲁币在国内不能兑换，且货币价值极低，所以程大爷换来的这11张秘鲁币根本没有用，形同废纸。现在市面上很多骗子就是用这种秘鲁币行骗的，希望大家提高警惕，谨防受骗。

图12-2　秘鲁币

🏃 项目一　星级酒店为什么要提供外币兑换服务

　　根据中国现行的外汇管理条例规定，中华人民共和国境内禁止外币流通，并不得以外币计价结算，但国家另有规定的除外。为了方便入境旅游的外宾和港澳台同胞，中国银行及其他外汇指定银行除受理外币旅行支票、外国信用卡兑换人民币的业务外，还受理英镑、港元、美元、瑞士法郎、新加坡元、瑞典克朗、挪威克朗、日元、丹麦克朗、加元、澳元、欧元、菲律宾比索、泰国铢、韩国元、澳门元、新台币等数十种货币的兑换业务。另外，为了尽量给持兑人以方便，除了银行机构以外，一些宾馆、酒店或商店也可办理外币兑换人民币的业务。兑换后未用完的人民币，在离境前可凭外汇兑换单（有效期为6个月）兑换成外币并携带出境。

　　酒店为什么要提供外币兑换服务？是为了赚钱吗？显然不是。

　　酒店提供外币兑换服务主要出于以下三方面的考虑：

　　第一，与其酒店等级相匹配。如果说一家小旅馆没有外币兑换业务实属正常的话，那么不提供外币兑换业务的星级酒店就会令人怀疑它的星级服务是否完善。更何况，提供外币兑换业务是满足酒店星级的一个指标。

　　第二，与酒店的定位和客源市场有关。也就是说，随着网络营销的日益加强和中国综合国力的日渐强大，入住酒店的境外客人越来越多、越来越普遍，酒店需要为这些客人提供便利的服务。

　　第三，要指出的是，酒店开设外币兑换业务虽说是不赚钱的，但是通过这项业务，酒店可根据需要从银行兑换回实际操作中所需的大量零钱。比如在向中国银行换回人民币53150元时，可要求银行换成2刀50元面额的人民币（注：1刀是100张）、20刀10元面额的人民币、10刀20元面额的人民币、5刀5元面额的人民币、10筒1元的人民币硬币（1筒是50个）、5筒0.5元的人民币硬币和5筒0.1元的人民币硬币。

♀ 项目二　常用外币介绍

　　图12-3是部分常用外币的图片。请识别出它们的名称，并说出它们可使用的区域范围，同时可自行查找资料了解它们的券别、版别、币值以及辨别真伪的方法。

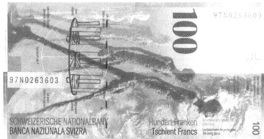

前厅运行与管理

图12-3　部分常用外币图片

⚲ 项目三　外币兑换计算

任务一　现钞价与现汇价、买入价与卖出价

表12-1是2022年2月12日上午10:30中国银行的外汇牌价表。其中买入价和卖出价是针对外币现钞和旅行支票的兑换而言的，是从银行的角度来说的。比如，要出国去留学，你就需要向银行买美元、欧元或其他相应的外国货币，站在银行的角度就是银行要卖给你美元、欧元或其他外国货币，这时银行就会使用卖出价。相反，有美元的人想把手上的美元换成人民币，这时，银行就要买入你的美元或其他流通货币，使用的是买入价。如果你拿纸币来兑换，就用现钞价，即表12-1四个价格中最低的那个价

格。酒店帮客人兑换外币时，酒店同银行的角色是一样的。

目前，我国境内居民年度购汇及结汇的最高值是5万美元。购汇时只要带好身份证或者户口簿以及银行卡去相关银行网点办理即可。

表12-1　外汇牌价（Official Foreign Exchange Quotations）

货币名称	单位	现汇买入价	现钞买入价	现汇卖出价	现钞卖出价
美元 USD	100	634.11	628.95	636.79	636.79
日元 JPY	100	5.4871	5.3166	5.5275	5.536
港元 HKD	100	81.29	80.64	81.61	81.61
英镑 GBP	100	858.76	832.08	865.09	868.91
欧元 EUR	100	718.45	696.12	723.74	726.07
加元 CAD	100	497.1	481.41	500.77	502.98
澳元 AUD	100	451.86	437.82	455.19	457.2
新西兰元 NZD	100	420.74	407.76	423.7	429.52
新加坡元 SGD	100	470.13	455.62	473.43	475.79
泰铢 THB	100	19.35	18.75	19.51	20.13
瑞士法郎 CHF	100	684.63	663.5	689.43	692.39
韩元 KRW	100	0.5274	0.5088	0.5316	0.5511
澳门元 MOP	100	79.01	76.36	79.32	81.97
印度卢比 INR	100	—	7.8968	—	8.905
俄罗斯卢布 RUB	100	8.19	7.69	8.25	8.57
巴西雷亚尔 BRL	100	—	116.1	—	131.82
沙特里亚尔 SAR	100	—	164.63	—	174.05
阿联酋迪拉姆 AED	100	—	166.91	—	179.31
新台币 TWD	100	—	21.97	—	23.8

扫码观看现钞买入价和现汇买入价的有关视频，学习现钞买入价和现汇买入价。住店客人兑换外币现钞，应使用现钞买入价加以兑换；兑换旅行支票，则用现汇买入价加以兑换。

12-2
现钞买入价

12-3
现汇买入价

任务二　旅行支票

前台员工在兑换外币时，经常会遇到携带旅行支票的客人来兑换旅行支票。

12-4
旅行支票

旅行支票（Traveller's Check）是一种固定面额的票据，由世界知名的、资信情况良好的金融机构（统称旅行支票发行机构）发行，专供旅客购买和支付旅途费用。它是一种全球范围内被普遍接受的票据，在很多国家和地区都有很广泛的流动性，很多商场和酒店都支持旅行支票的付款，而且可以在旅行地将其兑换为当地的货币。旅行支票与一般银行汇票、支票的不同之处在于旅行支票没有指定的付款地点和银行，能在全世界通用，一般也不受日期限制，客户可以随时在各大银行、国际酒店、餐厅及其他消费场所兑换现金或直接使用，是国际旅行中常用的支付凭证之一。

外币旅行支票是指境内商业银行代售的、由境外银行或专门金融机构印制、以发行机构作为最终付款人、以可自由兑换货币作为计价结算货币、有固定面额的票据。境内居民在购买和兑换时，只需签名即可。

旅行支票的特点：①携带安全。这是旅行支票的最大特点。若旅行支票不慎丢失或被盗，可办理挂失、理赔和紧急补偿；若遇意外，还可申请旅行支票发行机构提供的医疗等紧急援助服务。②使用方便。旅行支票可在世界各大银行、兑换网点兑换现金，也可在国际酒店、餐厅、学校及其他消费场所直接付账，而无须支付任何费用。③可长期使用。旅行支票多数不规定流通期限，可以长期使用，具有"见票即付"的特点。持票人可在发行机构的境外代兑机构凭票立即取款，一次购买后若未使用完毕，还可留待下次使用。④多种币别可供选择。消费者可根据前往的不同国家和地区，选择不同的币别。例如，中国银行代售美国运通公司（American Express）发行的旅行支票，其主要币种包括美元、日元、加拿大元、澳大利亚元、英镑、欧元、瑞士法郎等。⑤经济划算。兑现旅行支票的汇率，通常比兑换现金的汇率优惠。

当然，消费者购买旅行支票需要支付一定的手续费用。如在中国银行购买旅行支票，手续费用通常为购买金额的0.5%~1%，用外币现钞购买需支付汇钞差价费。对于消费者尤其是国际旅行者来说，支付的这部分费用就相当于购买了一份现金保险。

旅行支票的使用注意事项：持票人购得旅行支票后，应在支票的初签栏（Signature of Holder）处签名；使用时，持票人应当着收票人的面在复签栏（Countersign Field）处签字，复签的笔迹必须与初签一致（见图12-4），对初签、复签不符的旅行支票一概不予受理；购买合约书与旅行支票要分开存放，妥善保管。倘若旅行支票不慎丢失或被盗，可用购买合约书致电旅行支票发行机构要求办理挂失，此举不会产生任何费用。

兑换旅行支票时，持票人要出示与旅行支票上姓名相同的本人护照，收票人（即酒店服务人员）应将护照号码抄录至水单上。

图12-4 20000日元的旅行支票正面（已复签）和反面

🔲 能力训练

1.请填写水单并做兑换计算：根据如表12-1所示的外汇牌价兑换10000日元并填写外汇兑换水单（Exchange Memo），见表12-2。

表12-2 外汇兑换水单

客人姓名 Guest Name_____		国籍 Nationality_____		护照号码 Passport No._____
住址/饭店 Address/Hotel_____		房号 Room Number_____		客人签名 Guest Signature_____

外币金额 Amount in Foreign Currency	扣贴息 Less Discount	净额 Net Amount	牌价 Rate	实付人民币金额 Net Amount in RMB yuan

摘要 Particulars				
		经办人签名 Staff Signature_____		日期 Date_____

2.请计算：将一张50美元的旅行支票依据表12-1中的牌价兑换成人民币。

50美元的旅行支票

👤 **课后小测**

完成外币兑换16道单选题。

12-5
课后小测

⚲ 项目四　外币兑换程序

任务一　现钞兑换程序

观看学生作品，学习并分析外币现钞兑换程序。研究：其核心要素是什么？是否可删减或添加新的元素？

12-6
学生作品：外币
现钞兑换

现钞兑换程序：

（1）问候客人，表示欢迎，询问客人需要什么帮助。

（2）了解客人想要办理外币兑换后，询问客人要兑换的币种和房号（电脑系统内加以核对或请客人出示房卡），确定是否可兑换。

（3）告知客人兑换率，询问客人需兑换的金额。

（4）清点、唱收客人需兑换的外币，认真鉴别外币真伪，要求票面完整、整洁，不能有破损、有划痕，以避免不必要的损失。

（5）填写水单必须准确、清晰、内容齐全，按现钞价折算出可兑换的人民币金额。

（6）复核后请客人核对水单并签名。

（7）将水单和应兑换给客人的人民币金额唱付给客人，请客人保管好水单，礼貌地向客人道别。

任务二　旅行支票兑换程序

观看学生作品，学习并分析旅行支票兑换程序。研究：其核心要素是什么？是否可删减或添加新的元素？

旅行支票兑换程序：

（1）热情接待客人，询问客人需要何种服务。

（2）了解客人需要兑换旅行支票后，询问客人要兑换的币种和房号（电脑系统内加以核对或请客人出示房卡），确定是否可兑换。

12-7
学生作品：旅行
支票兑换

（3）告知客人兑换率，询问客人需要兑换的金额，并请客人出示护照或有效身份证件。

（4）唱收客人的旅行支票，仔细检查支票的真伪。

（5）请客人在支票指定的复签位置上当面复签，核对支票的初签与复签是否相符。

（6）核对支票上的签名与护照上是否一致，核对照片是否相符。

（7）填写水单必须准确、清晰、内容齐全，计算出贴息及实付金额。

（8）复核后请客人核对水单并签名。

（9）将水单和应兑换给客人的人民币金额唱付给客人，请客人保管好水单，礼貌地向客人道别。

⚲ 项目五　外币兑换注意事项

养成一个好习惯：在收付钱钞时，请务必大声唱收予以强调

有过教训的章女士平时付钱时是蛮注意唱收钞票的。她往往会重复说："我给了你一张100元，你要找我××元。"特别是在买菜、晚上给出租车司机付钱时，还有就是在面对年纪大的人时，章女士都会唱收强调一下，以免对方弄错。不过有一次，她一疏忽没唱收，事情就来了。

那天，她去菜场买淡菜，要付12元钱。因为刚从旁边的摊位上找了22元钱，她就顺手把一张20元的纸币和两个1元的硬币给了那个卖淡菜的大妈。可能是有枚1元硬币从大妈手上滑了下去，那个卖淡菜的大妈找给她10元钱后突然反应过来说她少付了1元钱。章女士记得明明给了大妈22元钱，旁边的大婶也为她作证，因为章女士经常在这位大妈这里买菜，每次也不还价，又反复强调不会为了1元钱少付给大妈的，大妈这才算了。

事后章女士得出一个结论：今后在付钱的时候，不管钱多还是钱少，都要在付钱时当面大声唱收，把钱的面额说清楚，让对方看清楚。当然，当面额较大时，更要这样做了。

在办理外币兑换时，要注意：

（1）外币兑换服务只对住店客人开放，为住店客人服务。如非住店客人需要兑换外币，可请其持有效证件就近去银行办理。

（2）收进外币后，应先辨明是不是可兑换货币、外币的真伪以及某些版本是否已停止流通兑换。

（3）兑换时，应注意唱收。即收到客人多少外币及兑付给客人多少人民币时，都需要当着客人的面大声报出来。

（4）提醒客人妥善保管好兑换水单，以便客人如有需要时可在六个月内依据该水单把多余的人民币纸币再换成外币。提醒客人多余的人民币硬币（Coin）银行是不予兑换的，可买小礼品等把硬币用完。

（5）注意给零钱的方式。兑换的零钱不能往客人面前一放，让客人捡花生似的一颗颗地把硬币捡起来。在给客人钱特别是零钱时，要求把钱交到客人手上（可以示意客人摊开手，然后把硬币放在客人手里），避免客人一枚一枚地从桌面上捡硬币。有些酒店会把找给客人的钱或兑付的钱放在一个漂亮精致的小篮里再交给客人，类似的做法就很值得借鉴。

📍 项目六 外币兑换数字人民币

案例导入

"外币兑换机"亮相，有的银行已支持180多种面额和版本外币的兑换

2021年7月，中国人民银行在《中国数字人民币的研发进展白皮书》中明确指出："短期来华的境外居民可在不开立中国内地银行账户情况下开立数字人民币钱包，满足在华日常支付需求。"

北京冬奥会将是外籍人士集中来华的一个时点，也是数字人民币首批试点的场景之一。在中国（北京）国际服务贸易交易会（简称服贸会）上，中国银行、建设银行、邮政储蓄银行等都展示了外币兑换数字人民币的机具（见图12-5和图12-6）。

在邮政储蓄银行自助外币与数字人民币硬钱包兑换机具上，该行一位工作人员演示了用20美元纸钞兑换数字人民币硬钱包的过程。首先兑换方式选择"购买硬件钱包"，如果未开立数字人民币软钱包，可在该设备上同时申请开立硬钱包和软钱包（注：软钱包指依附手机使用的数字人民币APP，硬钱包则脱离手机使用，与银行卡大小相似，见图12-7）。开立方式支持手机号、身份证、邮箱、护照。该工作人员演示将一本护照放

模块十二 外币兑换

161

到机具拍卡处，获取护照号码，屏幕显示汇率列表，对汇率无异议后即可放入一张钞票，确认币种、存入金额、汇率、（换算出的）人民币（金额）、手续费、工本费、数字人民币金额等交易信息后，就会从机具中推出一张硬钱包。整个过程仅需要约一分钟。

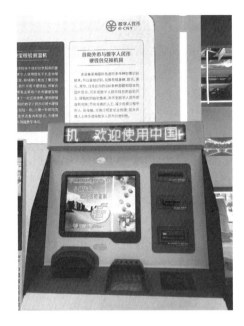 

图12-5　邮政储蓄银行外币兑换数字人民币机具　　图12-6　建设银行外币兑换数字人民币机具

图12-7　带密码的数字人民币硬钱包

建设银行的自助外币兑换机也支持用境外手机号、护照等方式开立数字人民币硬钱包，其功能还包括充值和查询。该行工作人员介绍，此次在服贸会上展示的设备就是为冬奥会定制的，下一步计划在机场、高铁站、酒店等冬奥场景辐射的外籍人士密集地铺设。

摘自：https://www.sohu.com/a/487770452_114988. 2021-09-04.

理论知识

数字人民币是中国人民银行发行的数字形式的法定货币，由指定运营机构参与运营，以广义账户体系为基础，支持银行账户松耦合功能，与实物人民币等价，具有价值特征和法偿性。

中国研发数字人民币体系，旨在创建一种以满足数字经济条件下公众现金需求为目的、数字形式的新型人民币，配以支持零售支付领域可靠稳健、快速高效、持续创新、开放竞争的金融基础设施，支撑中国数字经济发展，提升普惠金融发展水平，提高货币及支付体系运行效率。

数字人民币为公众提供了一种新的通用支付方式，可提高支付工具多样性，有助于提升支付体系的效率与安全。数字人民币作为一种新型支付方式，具有"支付即结算""可控匿名""依法可溯"等特征和优势，可实现免手续费、离线支付、即时到账，能大幅节约支付成本和时间成本，让支付流程更快、体验更优、安全性更强。

思考与练习

1.你知道中国第一大客源国（地区）和第二大客源国（地区）是哪两个吗？你所在省（区、市）的第一大客源国（地区）和第二大客源国（地区）是哪两个呢？请分别说出这些国家（地区）的货币名称及其与人民币的汇率。

2. 从2008年7月起，我国台湾地区开放了人民币兑换。那么，1元人民币能兑换多少新台币呢？在酒店可以直接兑换新台币吗？另外，近些年来，我国人民去韩国、泰国、新加坡、马来西亚、越南、缅甸等周边国家以及欧洲各国的出境游越来越普及，你了解人民币与韩元、泰铢、新加坡元等的大致兑换率吗？请至少说出10种。

模块十二
外币兑换

模块十三 问询与留言服务

学习目标

● 知识目标

1.详细了解酒店内外的情况,包括酒店及其所在城市的各方面情况。

2.了解客人可能会询问的内容,并做好回答预案。

3.掌握留言的使用场合和书写格式,以及应注意的语言技巧和方式方法。

● 能力目标

1.能为前来问询的每位客人做好服务和解答工作。

2.能用中、英文写留言通知单,并达到留言的目的和效果。

♀ 项目一 问询服务

前厅员工经常要回答客人的各种提问,要使客人得到满意的答复,就要熟悉酒店的服务设施、服务项目、经营特色以及有关政策,时刻掌握店内外的最新信息,准确快捷地回答客人的咨询。除此之外,还要熟悉酒店所处地域或城市的相关情况。在回答客人的询问时,要热情主动、有耐心,做到百问不厌。答复要准确,语言要清楚,不能给客人模棱两可的回答,更不能推托、不理睬客人或简单地回复"不知道"。在回答外国客人的问询时,要注意某些信息的保密并展示文化自信。

任务一 了解酒店内外的详细情况

要能回答客人的问题并帮助客人,提供好的服务,前厅员工不仅要熟悉酒店各种产品(设备设施,客房、餐饮、会议、娱乐、休闲服务的时间、地点、价格),还要对酒店的周边环境、正在举办的会议和活动,酒店正在或将要发生的事件以及酒店的历史、发展、特色,新冠疫情后改变的或需要客人理解配合的事项等等,以及酒店所在城市中客人有可能需要的各类信息,如吃、住、行、游、购、娱、人文、历史、经济和生活各方面以及城市正在发生的事情等有相当的了解(见图13-1~图13-4)。前厅员工应尽可能多地掌握获取各种信息和答案的途径与方法,尽力给客人提供准确、清晰的回答和帮助。总之,前厅员工了解、掌握的信息越多,越能帮助和服务好客人。这就要求前厅员工平时要用心积累、注意观察并加以记忆。

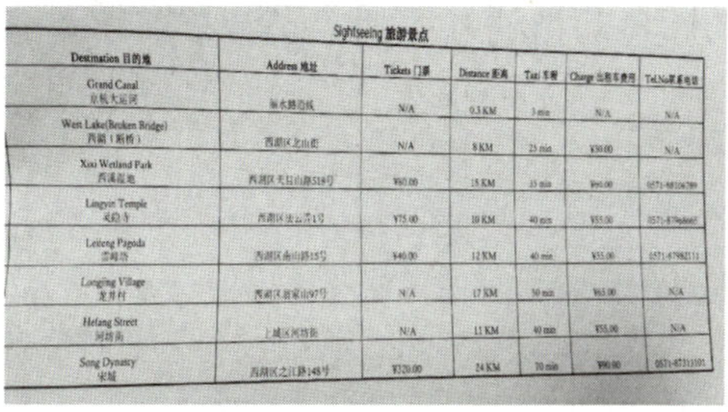

图13-1　旅游景点问询

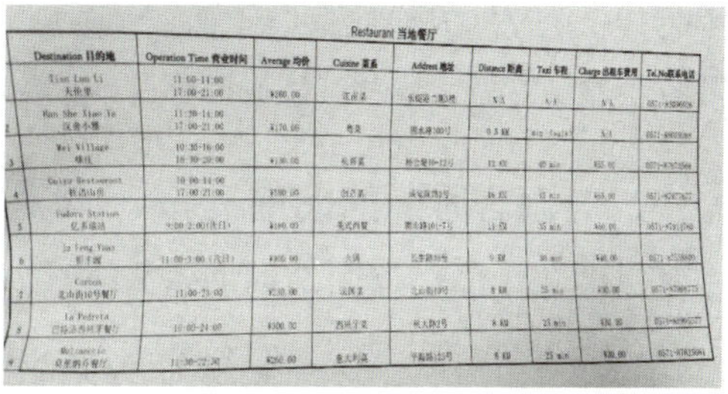

图13-2　当地餐厅问询

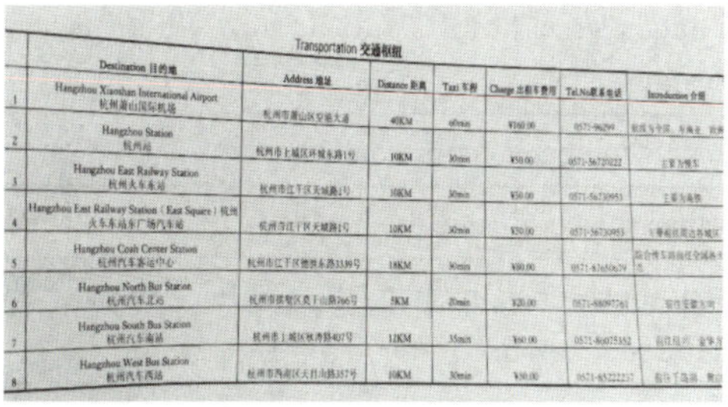

图13-3　交通枢纽问询

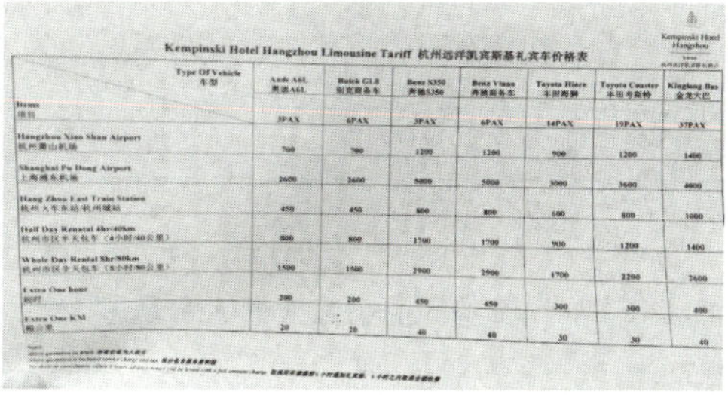

图13-4　礼宾用车价格表

　　为了做好问询服务，前台应备有多种资料、工具书，熟悉各相关平台APP和微信公众号等，以便随时查用。例如，交通时刻表、客房价目表、电话号码簿、邮资价目表、酒店当日促销活动安排表、世界地图、中国地图、电子导航地图APP、当地旅游协会公众号、酒店公众号、当地影院（剧场）公众号，以及当日报纸、酒店向导卡等。

　　为了满足客人智能化生活的需求，越来越多的酒店利用数字技术向客人提供问询服务。有些酒店可让住客在房间内的电视机屏幕上查到各种有用信息，如留言、预订机票、办理旅行委托、查阅银行服务范围、查看外汇牌价、购物指南、特色服务信息等，深受客人欢迎。

能力训练

　　请你画出或说出你所在学校周边的详细情况（包括学校的正门和后门）：附近有哪些店铺？学校的具体门牌号码是多少？学校距离火车站和飞机场各有多少公里？如果乘坐出租车、地铁或公交车，正常情况下一般需要多长时间、多少费用？另外，你能在微信或电话里给客人指路吗？客人若问你西湖有多大，为什么叫西湖，杭州市有多少人口，哪里有做礼拜的教堂，晚上可去哪里娱乐或有什么剧目上演等，你能回答得出吗？

任务二　了解客人问询的内容

　　一般入住酒店的客人都会问一些问题，前厅员工要熟悉客人喜欢问哪些问题，比如外地人会问什么，外国人会问什么，本地人又会问些什么，新冠疫情防控期间和后疫情时代，客人又会问哪些问题。这是酒店前厅各部门的基本功，是考核前厅各部门员工对客服务情况的重要指标。

一、对酒店方面的问询

常见的关于酒店方面的问询，如表13-1所列。

表13-1　常见的关于酒店方面的问询

中文	英文
1.酒店全称是什么？酒店的具体位置在哪里？	What is your hotel's full name? Where is your location?
2.我们酒店业主公司是哪家？	Which company is our hotel owner?
3.酒店门口有出租车吗？	Is there a taxi outside the hotel?
4.酒店对在同一个房间的第三人的收费是多少？	How much does the hotel charge for a third person in the same room?
5.酒店有没有驻店医生？	Does the hotel have a doctor in residence?
6.酒店有免费接送机服务吗？	Does the hotel have free shuttle bus service?
7.酒店用餐、游泳、健身等需要预约吗？怎么预约？需要佩戴口罩吗？	Do we need reservation for dining, swimming and fitness? How do we make an appointment? Do we need to wear a mask?
8.车停在哪里？停车费怎么收？坐电梯去地下车库怎么走？	Where can we park our car? How is car-parking charged? How to get to the garage by elevator?
9.酒店能代订机票和火车票吗？如何收取费用？	Where can we book air ticket and train ticket? How to charge?
10.游泳池是室内的还是室外的？健身中心在几楼？营业时间是什么时候？免费吗？	Is the swimming pool indoors or outdoors? Where is the fitness center and what is the opening hours? Is it free of charge?
11.酒店至机场要怎么走？多远？多少钱？在哪里乘坐班车？	How to get to the airport? How much and how far? Where can we take the shuttle bus?
12.从火车站怎么到酒店？从沪杭高速开车过来怎么到酒店？	How to get to your hotel from the railway station? How to get to the hotel by the Shanghai-Hangzhou highway?
13.地铁几号线能到酒店？火车站至酒店有地铁吗？有多远？	Which subway/metro line goes to your hotel? Is there a subway/metro from the railway station to the hotel? How far is it?
14.房费里是否包含早餐费用？早餐在哪里用？营业时间是什么时候？	Is breakfast included in the room rate? Where can we have our breakfast and what are the opening hours?

中文	英文
15.自助餐在几楼？特色是什么？什么时间营业？价格多少？有什么优惠？成人和小孩怎么收费？含什么饮料？	Where we can have buffets? What are the specialties and opening hours? What are the prices for adult and children? What special offer do you have and what drinks are included?
16.酒店有什么餐厅？分别在几楼？有什么促销优惠？	What restaurants do you have in the hotel and on which floors? Any promotions?
17.预付卡和餐饮贵宾卡怎么办理？	How to apply for prepaid card and F&B VIP card?
18.房间电话怎么打？外线怎么打？如何打国际电话？	How to dial room to room? How to make outside calls? And how to make IDD calls?
19.房间里的地图能带走吗？哪里可以买到详细的杭州地图？	Can we take the map in the room with us? Where can we buy a detailed map of Hang zhou?
20.行政楼层酒廊在几楼？有什么优惠和服务内容？	Where is the Executive Club Lounge? What are the benefits?
21.酒店有什么娱乐项目？有卡拉OK吗？	What recreation do you have in your hotel? Is there any Karaoke?
22.酒吧在几楼？营业时间？乐队的演出时间是什么时候？	What floor is the bar on and what are the opening hours? When does the band provide entertainment?
23.桑拿/足浴在几楼？分机电话是多少？营业时间是什么时候？	What floor is the sauna and foot massage on? What are the extension numbers? What are the opening hours?
24.商务中心在几楼？收寄快递收费吗？	What floor is the business center on? Do you charge for express delivery?
25.美容中心在哪里？酒店附近有美发店吗？	Where is the beauty saloon? Is there one near your hotel?
26.洗好的衣服什么时候能送回？快洗如何收费？大约多久送回？	When can the laundry be sent back? What is the charge of the express laundry and how long does it take?
27.酒店有多少种不同的枕头供客人选择？	How many different pillows are available for guests to choose from?
28.酒店是否提供擦鞋服务？	Does the hotel provide shoeshine service?
29.酒店有多少个会议室？它们的名字是什么？每个会议室的面积是多少？	How many meeting rooms does the hotel have? What are their names? What is the size of each meeting room?
30.酒店可以做核酸检测吗？在哪里做？什么时间可以做？	Can the hotel do nucleic acid test? Where to do it? And what time?

二、对酒店外信息的问询（以杭州为例）

常见关于酒店外信息的问询（以杭州为例），如表13-2所列。

表13-2 常见关于酒店外信息的问询（以杭州为例）

中文	英文
1.酒店附近有哪些特色餐厅？附近有没有杭州菜的餐厅？	Are there any special restaurants nearby? Are there any restaurants serving Hangzhou dishes?
2.地铁在哪儿？酒店附近有没有便利店和百货公司？怎么走？	Where is the Hangzhou Metro near the hotel? Is there any convenience store or department store near the hotel? How to get there?
3.去西湖怎么走？有什么好玩的地方？	How to get to the West Lake and where to have fun?
4.杭州哪里最好玩？除了西湖，还有什么好玩的地方？	Where is the most interesting place in Hangzhou? Besides West Lake，what else is worth seeing?
5.丝绸市场在哪里？怎么走？那里的丝绸质量有保障吗？	Where is the silk market and how to get there? Is the silk there of good quality?
6.在哪里能买到龙井茶？	Where to buy Longjing tea?
7.河坊街在哪里？有什么好玩的？	Where is HeFang Street? What is interesting about it?
8.西湖天地在哪里？是干什么的？	Where is the "Xi Hu Tian Di"? How about it?
9.附近哪里有药店或医院？	Is there any drugstore or hospital nearby?
10.哪里有售手机充值卡的？哪里有SIM卡卖？	Where can we buy prepaid card for our mobile phone? Where can we buy a SIM card?
11.路边的共享单车怎么租用？	How to rent shared bikes on the roadside?
12.附近的国际品牌酒店有哪些？	What international brand hotels are nearby?
13.哪里能看钱江新城的灯光秀？	Where can we see the light show of Qianjiang CBD?
14.怎么叫外卖？可以送到房间吗？	How do I order takeout? Can they deliver it to our room?
15.杭州的防疫政策有哪些？我要注意和做哪些？	What are the epidemic prevention policies of Hangzhou? What should I pay attention to and do?
16.晚上可以去哪里玩？有音乐剧、歌剧、交响乐等表演吗？	Where can we go tonight? Are there any performances of musical，opora，symphony and so on?
17.晚上西湖、钱塘江、运河有什么娱乐活动？	Are there any entertainment activities at West Lake，Qiangtang River or the Canal in the evening?
18.酒店附近哪里可以做礼拜？	Where can I worship near the hotel?

⚲ 项目二　留言服务

任务一　留言的目的

一般来说，以下两种情况下前台或总机员工需要提供留言服务：

第一种是应客人要求出留言，可能是住客给访客的留言，也可能是访客给住客的留言；第二种是酒店因工作需要给住客留言，如客人在外出期间酒店接收到客人的传真或快递、酒店需要向客人催账但无法直接通知到客人，于是采取留言的方式告知。

留言具有一定的时效性。无论是何种留言，均应确保客人在第一时间能阅读到，这也是出留言的目的所在。

任务二　怎样写留言

案例导入

请根据以下内容出一个留言，落款时间为今天的日期。

589房间将住两位客人，上海来的陈明先生已入住，还有一位从北京过来的White先生还没有到。陈先生出酒店时让前台出个留言，大意是说，他将在酒店对面的青藤茶馆等White先生。请就此用英语出个留言。

你的答案是：

Date 日期_____

MESSAGE
留　言

From Mr./Mrs./Miss 来自先生/太太/小姐_____

Telephone 电话_____

Message 留言_____

_____

_____

Guess Name 客人姓名_____

Room No. 房号 _____　　　　　　Clerk 职员_____

写留言通知单时需要注意的事项有：

（1）要注意留言的格式（前面应有对客人的称呼，最后应有联系人、所在部门及时间、联系方式等落款内容）。注意前台或总机的联系电话一般都是易于记忆的，不会像电话号码那么长。

（2）行文用语既要有礼貌，不要硬邦邦的，也不要过分谦恭，要不卑不亢、落落大方。如可以以"下午好""晚上好"之类的问候语开头，内容表达完后不要忘记写一些表达感谢和祝客人在酒店住得愉快之类的措辞。

（3）在写类似要求客人换房、赔偿一类的敏感事情时尤其要注意，这类内容不适合在留言通知单里直接表述，只需表达出希望客人及时与酒店联系就好。这样，客人看了留言通知单后一般都会主动联系酒店，这时就可以当面和客人好好协商，解决这些敏感的问题。

（4）注意做好留言的交接工作。

能力训练

1. 1411房间的陈小姐要续住，但押金不足，需要她尽快办理。你联系不到陈小姐，请就此情况写一份留言。

Date 日期_____

MESSAGE

留　言

From Mr./Mrs./Miss 来自先生/太太/小姐_____

Telephone 电话_____

Message 留言_____
_____
_____

Guess Name 客人姓名_____

Room No. 房号 _____   Clerk 职员_____

---

2. 489房间住了一对来自菲律宾的夫妇，他们已在酒店住了3天。酒店的客房部在为他们整理房间时发现毛毯上有个洞，按照规定需要客人赔偿300元。客房部把这一情况反映给了前台，希望前台出面联系客人，让客人尽快付清这笔赔偿款。在联系不到客人的情况下，请就此事给客人出个留言。

Date 日期_____

MESSAGE
留　言

From Mr./Mrs./Miss 来自先生/太太/小姐_____

Telephone 电话_____

Message 留言_____

_____

_____

Guess Name 客人姓名_____

Room No. 房号 _____　　　　　　　　Clerk 职员_____

👤 思考与练习

　　1.客人经常会问哪些问题？如何做好问询服务？

　　2.在什么情况下需要提供留言服务？一个好的留言应具备哪些要素？

模块十四 礼宾部（行李房）

学习目标

⊙ 知识目标

1.掌握礼宾部（行李房）的主要工作内容。

2.掌握行李服务程序。

⊙ 课前小测

在线完成客人八问。

14-1
课前小测

⊙ 能力目标

1.能熟练地为客人提供行李的进出、寄存、领取等服务。

2.熟练操作机器人为客人提供行李寄存等服务，能设计、改良行李服务小程序。

3.能帮助客人寻找遗失在出租车等公共交通工具上的物品。

4.能帮助客人代买物品等。

案例导入

一位在酒店做行李员的实习生的感受

在总结实习生涯时，这位实习生说了如下一段话让人记忆深刻："这段日子我学会了接待团队，寄快递、明信片等，通过在线给客人指路，熟记杭州市通往各省的高速，分送部门报纸，给外国客人介绍酒店设施、地铁线路和酒店周边景点线路等。总之，感觉这半年的实习还是挺辛苦的，我还要不断提高英语水平。"

👤 思考与练习

上网自行搜索并观看2022年的电视剧《欢迎光临》中门童的工作内容，谈谈对你的启示和冲击。

_____

_____

_____

为了体现酒店的档次和服务水准，更好地方便或服务客人，许多酒店都设有礼宾部或行李房。一般大中型高星级酒店会在前厅设礼宾部，中小型星级酒店则称为行李房。礼宾部下设门童、行李员、文旅官、机场代表等岗位，其职责范围包括迎送宾客、行李服务、代办客人委托事务等。

图14-1~图14-4为酒店管理专业大三学生在酒店礼宾部做实习生的图片。

图14-1　学生在礼宾部实习（1）

图14-2　学生在礼宾部实习（2）

图14-3　学生在礼宾部实习（3）

图14-4　学生在礼宾部实习（4）

⚲ 项目一　礼宾部（行李房）的主要工作内容及注意事项

酒店行李员一般站立于大门外或礼宾部（行李房）柜台内，代表酒店迎接客人，同时要主动为客人服务，回答客人的询问，介绍酒店情况。行李员的主要工作是，为抵离酒店的客人运送行李，为住店的客人递送包裹、报纸、信件、快递等，为本单位其他部门派送文件、报表及短时间放置的欢迎牌、指示牌等，悬挂酒店旗及各种旗帜，寄存和领取行李、代客泊车和取车等。

酒店新进行李员的培训内容见表14-1。

表14-1　新进行李员的培训内容

部门职责	卫生与制服制度	出租车服务
酒店组织结构	肢体语言-基础	Opera系统使用技巧
部门组织架构	仪容-基础	全球酒店联盟（简称GHA）会员体系
工作职责	了解酒店及其特色服务	食品加热与冷藏
部门设备及用具	沟通-基础	停车券发放说明
考勤制度	主动的对客服务	外出购买药品
排班调整政策	酒店历史	介绍本地旅游体验
班前会	酒店文化	明信片邮寄及快递业务
部门会议	电话礼仪	团队到店及退房的行李服务
工作日志和交接	酒店/部门参观	行李递送服务
手机等的使用政策	酒店布局、设施及特点	行李收取服务
工作区域安全问题	介绍部门领导及同事介绍	报纸递送服务
部门产品知识	报表归档	雨伞租借服务
酒店区域及本地知识	房型	小费管理流程
GHA和探索会员的知识	旅游票务服务	万能钥匙使用规定
班次工作检查表	豪华礼宾车的价格及预订流程	交通限行政策
城市信息	豪华礼宾车出车前准备	专用缩略语（重点包括不能在客人面前使用的词语）
旅游线路规划	常见问题与回答	最新的当地法规政策

👤 **思考**

从表14-1中可以看出行李员的主要工作内容是

礼宾部（行李房）的主要工作内容及注意事项如下：

（1）函件、表单等的递送服务。报纸、杂志、快递、包裹和信件要登记、核查后分送至各部门。平信、报纸等可由行李员送入客房，包裹、邮件通知单、挂号信、汇款单、快递等则需客人出示有效证件后再签收。

酒店各部门的表单也由行李员分送（放在总经理办公室各部门格子内，称为鸽子洞），由各部门或班组人员签收，并注明签收时间和签收人。各种留言、报表及前厅的单据等，则都应在"行李员函件转送表"上加以登记。行李员在递送物品、表单时要请对方签收。在传递函件、表单时服务要规范，走员工通道或乘坐员工电梯。按酒店规定程序，不管客房是什么房态，都应先敲门得到允许后再进入客房。

（2）提供散客和团队客人的行李进出服务。

（3）为客人办理行李寄存和领取服务。

（4）提供叫车、预订出租车服务。停在酒店规定位置上供接客人跑长途、跑机场为主的酒店自有车队或外事车队，受酒店礼宾部（行李房）主管管理。

为了能及时替客人叫出租车或网约车，礼宾部（行李房）员工应会熟练操作各类叫车软件，如滴滴出行、花小猪打车、T3出行等等。另外当客人不懂中文时，可在酒店地址卡（见图14-5或图14-6）上用中文注明客人要去的地方，并注意提醒客人行程中要考虑交通拥堵等因素。

请带我去
PLEASE TAKE ME TO

_____

_____

_____

车牌号License Plate No.

日期Date   时间Time

_____   _____

如果您将物品遗忘在车上，此记录将为您提供方便。酒店对此出租车将不负任何法律责任。

This record is provided for your convenience in case you have left behind any items. The hotel is not responsible for any liability for this public taxi.

杭 州 凯 悦 酒 店
HYATT REGENCY HANGZHOU

图14-5　杭州凯悦酒店地址卡正面

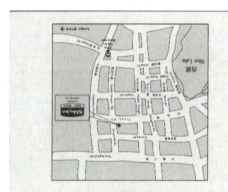

HANGZHOU
杭州国际假日酒店

请把我送到
PLEASE TAKE ME TO

289 North Jian Guo Road, Hangzhou 310003, P.R.China
杭州市建国北路289号　邮编：310003
Tel /电话 (86-571) 8527 1188　Fax /传真 (86-571) 8527 1199

□ Wulin Square 武林广场
□ Hangzhou International Airport 杭州萧山国际机场
□ Hangzhoudong Railway Station 杭州火车东站
□ Ling Yin Temple 灵隐寺
□ Liuhe Pagoda （Six Harmonies Pagoda） 六和塔
□ Qianjiang New City 钱江新城
□ Huanglong Sports Centre 黄龙体育中心
□ Hangzhou Olympic Sports Center
　杭州奥林匹克体育中心（简称"杭州奥体中心"）
□ Zhejiang Provincial Museum 浙江省博物馆
□ West Lake（Broken Bridge） 西湖（断桥）
□ Nanshan Road Corner Xihu Avenue 南山路/
　西湖大道路口
□ Hefang Street 河坊街
□ Leifeng Pagoda 雷峰塔
□ Xixi Wetland National Park 西溪湿地国家公园
□ Please wait for me 请等候一下
□ Please take me back to the hotel 请带我回饭店

_____

_____

License Plate No.车牌号

图14-6　杭州假日酒店地址卡正、反面

（5）完成对客迎送服务，维护大门外正常交通秩序。

（6）提供对客服务。如为客人换房，帮客人拿取或递送物品，为客人租借共享单车，引领客人去要去的地方，提供咨询服务等。注意：当客人询问某个地方时，如是酒店内的场所，应亲自引领客人至目的地，到达后告知客人；如是酒店外的场所，则应告诉客人该场所在何地，或引领客人至礼宾台查询并给予小地图或手册等。客人较多时，请客人自觉排队，并说明情况。

（7）做好对设备的保养维护和客用消耗品的成本控制。行李房的主要设备有：行李车（见图14-7）、行李牌（见图14-8）、行李架、伞架、残疾人车、网罩、指示牌等等，其中行李牌、地址卡、签字笔的消耗量最大。

（8）提供代办服务。如提供代办邮件（为客人代发平信、挂号信、明信片等），寄取包裹、快递等或代客转交物品，代客购买物品，提供物品外修服务等。为客人提供代办服务要做到手续清楚，各项费用单据齐全，符合规定。

图14-7　行李车

0003773	行李种类 DESCRIPTION OF LUGGAGE	
行李认领 BAGGAGE CLAIM 到达/离开/存仓 ARRIVAL / DEPARTURE / HOLD	□ 旅行箱	Suitcase
	□ 公文包	Briefcase
	□ 大衣	Overcoat
	□ 高尔夫球袋	Golf Bag
客人姓名 Guest Name	□ 雨伞	Umbrella
房号 Room No.	□ 包裹	Parcel
日期 Date		
	备注 Instruction	
0003773	行李种类 DESCRIPTION OF LUGGAGE	
行李认领 BAGGAGE CLAIM 到达/离开/存仓 ARRIVAL / DEPARTURE / HOLD	□ 旅行箱	Suitcase
	□ 公文包	Briefcase
	□ 大衣	Overcoat
	□ 高尔夫球袋	Golf Bag
客人姓名 Guest Name	□ 雨伞	Umbrella
房号 Room No.	□ 包裹	Parcel
日期 Date		
杭 州 凯 悦 酒 店 HYATT REGENCY HANGZHOU	备注 Instruction	

图14-8　行李牌正、反面

帮客人代购物品、提供外修服务时，应事先向客人讲明一切费用要由客人支付，包括代班费、来回交通费及相关费用等，并告知费用大致金额及所需时间。

提供外修服务时，还要了解所需修补物品的损坏程度、部位及服务时限和费用限额等，待客人明确并同意后再去办理。外修服务后要拿回相应的支付凭证（发票或收据）交付客人，并做好登记工作。

　　将住店客人的物品转交给访客时，应让领取物品的访客出示有效身份证件，打收条、签名并留下联系方式。接受访客的物品转交给住店客人前，应首先确认本店有无此住客，并认真查验物品，记录下转交者的姓名和联系方式，以方便退回该转交物品。

　　（9）提供雨具和自行车出租服务，提供下雨天进店客人的雨具存放服务。

　　（10）控制大堂灯源，及时开灯、关灯并节约用电。

　　（11）各类报表填写好后请客人签名，录入电脑分发并存档（见图14-9、图14-10、表14-2、表14-3）。

图14-9　各类报表归类存档

图14-10　快递登记表（示例）

表14-2　物品转交表（Articles Delivery Record）

Receive Date 接收日期	From 来自	Contact/ Room No. 联系方式/ 房号	Received by 经办人	Items/ Quantity 物品/数量	To 送达	Contact/ Room No. 联系方式/ 房号	Handle by 经办人	Done Date 完成日期	Location 存放地点

表14-3　递送物品表（Concierge Delivery Record）

Room No. 房号	Time 时间	Items/Quantity 物品/数量	Handle by 经办人	Remark 备注

（12）了解并熟悉酒店周边及城市信息，为客人规划或推荐旅游线路（见表14-4）等。

表14-4　本地旅游体验项目（会员专享）

黑卡专享项目	白金卡专享项目（For Platinum Member）
Hangzhou Longjing Tea Culture+China Tea Museum 　杭州龙井茶文化之旅	Grand Canal Tour on the Boat+Grand Canal Museum 　京杭大运河与运河博物馆之旅
West Lake Cruise+Leifeng Pagoda 　西湖游船与雷峰塔	Impression West Lake 　印象西湖
Hefang Street Journey+Chinese Traditional Pharmacy Store 　漫步河坊街，参观古药房	Song Dynasty Theme Park Tour and Show 　宋城主题公园游览表演
China Umbrella Museum+Umbrella Making 　雨伞博物馆及制伞之旅	Limousine Transfer Service 　豪华礼宾车服务
China Fan Museum+Fan Making 　扇子博物馆与制扇之旅	Spa 　按摩
China Sigillography Museum+Stamp Caving 　西泠印社与刻章之旅	Enjoy the Authentic Chinese Cuisine 　享受正宗的中国菜
	Explore the Modern German Cuisine 　探索时尚德式菜肴

（13）其他服务。了解及掌握酒店房价、各种服务设施、每天的住房率和可提供房间数等最新信息，介绍、推销酒店产品，完成对客咨询、帮助方便客人等工作。

另外，高星级酒店还提供金钥匙服务，以及代客照看宠物、代客泊车等服务。礼宾部的服务随着时代的变化和客人需要的变化而变化。

👤 课堂练习

我错在哪里？

虽然我已经在行李房实习了两个月，但我还是挺怕接到外国客人的电话的，我怕我听不懂外国客人说的内容，无法为客人解决问题，这样会很丢脸。那天上班我站在礼宾柜台里，一位外国客人打电话转到我们礼宾部问询是否可以为他打一辆车，我就说："可以的，先生，您要去哪里呢？"外国客人就说他从客房下来的时候再说吧，先帮他打一辆车，他大概10分钟后就下来。由于忘了问客人打车具体去哪里，我心想先用出行软件叫好车，到时候和司机师傅说一声，换个目的地应该也是可以的。考虑到这位客人好像挺着急的，于是我就通过软件叫了一辆去杭州东站的车。客人10分钟后下来了，车刚好也到了，我问外国客人去哪里，客人告诉我是去一家清真寺庙。我把客人先送上车，然后告诉司机师傅不是去杭州东站，而是去这家清真寺庙。结果司机师傅说这个寺庙他也不知道在哪儿，让我通过打车软件更换一下目的地，这样他就知道怎么去了。我想这样也是可以的，就回到礼宾柜台去更换目的地，没去管那位已坐上车的外国客人。这位外国客人由于听不懂中文，一直问我和司机师傅在说什么，是不是出什么事了。而我当时急着更换目的地，以为只要换好目的地就可以解决问题了，就没有及时答复这位客人。当回到柜台时，我发现目的地根本就换不了，这样又过了3分钟，我在尝试了怎么做都没用后才发现我们的礼宾司已经把那位外国客人送走了，同时还把这个问题妥善解决了。多亏了礼宾司，不然我还真不知道该怎么办……

　　思考：我错在 _____

能力训练

找寻遗失在出租车上的物品

　　很多住店客人是乘坐出租车抵达酒店的。有时你会发现，酒店的门童会记下客人乘坐的出租车车牌号然后交给客人，而大多数客人看后会把它当成废纸扔掉。那么，你知道酒店为什么要求门童记录下出租车的车牌号码吗？它起什么作用？如果事后客人发现有物品遗忘在出租车上来找你帮忙时，你会怎么做？如果你没有记下客人乘坐的出租车的车牌号码，你又该怎么做呢？

项目二　行李服务

　　行李服务是前厅向客人提供的一项重要服务项目（见图14-11），对散客和团队客人，由于其特点不同，服务规程也有所不同。

图14-11　迎接客人的到来

任务一　散客行李进出程序

一、欢迎客人到来

　　（1）对步行到来的客人，行李员应主动问好："先生/女士，早上/中午/晚上好，欢迎光临××酒店！"

　　（2）对坐车到来的客人，行李员应为其打开车门并问好。如果知道客人姓氏，要带姓氏向客人问好，如"×女士/×先生，早上/中午/晚上好"。

（3）若客人有行李，行李员应主动上前帮助，并问："×女士/×先生，需要帮忙吗？（May I help you?）"

（4）如果客人需要，行李员应为其发放行李牌，并用对讲机呼叫，让里面的同事迅速出来帮客人拿行李；如果客人不需要，行李员应为客人开门，让其进入，并且告知客人前台的具体位置。

二、送行李入房间的程序

（1）进入房间前，行李员应按门铃或敲门，并报"Bell Service"。

（2）打开房门，插入取电牌后请客人先进房间，随后把客人的行李放在行李架上或是靠边空的地方。

（3）与客人核对行李件数。

（4）把房卡交给客人或告知客人已把房卡放在桌上。

（5）如果客人需要介绍房间，则应向客人介绍网络、逃生图、保险箱、声控或智能遥控等设施设备，及酒店或所在城市的相关要求和规定等。介绍完毕后，告知客人可在房间内随时拨打电话联系酒店、寻求帮助。最后，祝客人入住愉快并迅速退出房间。

（6）如果客人不需要介绍房间，询问客人是否还需要其他帮助，如果不需要，告知客人可在房间内随时拨打电话联系酒店、寻求帮助，祝客人入住愉快并迅速退出房间；如果客人还需要其他帮助，询问具体是什么，然后通知前台或客房部或其他部门去办理并给客人答复，祝客人入住愉快并迅速退出房间。

三、为客人出行李的程序

（1）行李员应按门铃或敲门，并报"Bell Service"，待客人允许后方可进入房内。

（2）询问客人有哪些行李，将行李装上行李车后，与客人确认一遍行李数量，然后为其发放行李牌，询问客人是否需要叫车或按客人要求做寄存手续。

（3）如果客人不需要寄存行李或者叫车服务，则退出房间，把客人的行李推出酒店大门或送上车（来接客人的车或出租车、网约车等），主动为其打开车子后备箱，把客人的行李有序放入车内，并与客人进行核对。

（4）如果客人需要叫车或者寄存行李服务，告知客人可以包车以及相关车型。车型不同，距离远近不同，则收费也不一；包车则需要请客人去礼宾部询问具体价格。或可以帮客人叫出租车或网约车（注意为客人叫到出租车或网约车后，要抄下车牌号，写在卡片上交给客人，以防客人丢失物品在车上）。客人确定车型后，退出房间，把客人的行李推出酒店大门或送上车，主动为其打开车子后备箱，把客人的行李有序放入车内，并与客人进行核对。

（5）待客人坐上车后，为其关门，并祝福客人："旅途愉快，欢迎下次光临！"

任务二 团队行李进出程序

一、团队行李进店程序

（1）根据团队预订信息或前台已准备好的团队接待单（也叫团队信息单、团队变动单等）上的信息，行李房当班人员应明确当天会有哪几个团入住酒店，抄录并掌握团名、团号、团队人数、用房数量、入住时间和离店时间等基本信息。

（2）无论是团队行李先到、客人后到，还是客人先到、团队行李后到，签收团队行李前首先要核对团名、团号等信息。确认信息无误后，再与运送行李来的行李车师傅做好交接工作并签字。将该团队的行李集中放在大厅一角，用网罩罩好。

（3）团队客人到达酒店后，请全陪或领队核对行李件数及完好程度并签字。

（4）行李员对照行李单上的姓名注上房号，将行李一一送入团队客人的房间，并做好记录。

二、团队行李出店程序

（1）提前一天从前台收到团队接待单，确定某团出行李的具体时间。

（2）在出行李时间两三分钟前，客人一般已将行李放在房间门口。

（3）行李员清点行李，装车，并在团队行李记录表（见图14-12）上注明件数和房号。

图14-12 团队行李记录表（电子版）

（4）将行李汇总到大堂，再次核对实际件数与记录是否相符。如果不相符，应立即查找，直到找到为止。

（5）检查、清点后用网罩罩好，请全陪或领队核对确认后签字，等待旅行社派行李车来取。行李车来接行李时，要严格对照团名、团号等与行李车师傅做好交接手续，并记录车牌号与师傅的联系方式。

（6）将行李搬运上车。如行李与客人同车前往，则行李员还应协助前台办理好团队离店退房手续，确认后放行。

（7）做好记录。

任务三　行李寄存和领取程序

观看教学视频，学习并分析散客行李寄存与行李领取服务程序。研究：其核心要素是什么？是否可删减或添加新的元素？

14-2
教学视频：散客
行李寄存

14-3
教学视频：散客
行李领取

行李寄存和领取程序：

（1）原则上，酒店只为住店客人提供行李寄存服务。

（2）当客人要求寄存行李时，行李员应礼貌地请客人出示房卡或问清客人的姓名和房号，在电脑内加以核对和确认。

图14-13　行李房贵重物品寄存室指示牌

（3）询问客人行李内是否有贵重物品和易碎物品。如有现金、护照、金银首饰和珠宝玉器等物品，应礼貌地请客人存放在酒店的贵重物品寄存室（见图14-13）或保险箱内，并告知客人行李内不能放入贵重物品或易燃、易爆、易腐烂的物品或违禁物品。易碎物品，一般不予寄存。

（4）填写"行李寄存牌"，询问客人行李需要寄存的时间。

（5）行李员把"行李寄存牌"的上联系在行李上，下联签上自己的名字，然后撕下下联交给客人保管，并提醒客人下联为领取行李时的凭证。另外，如发现行李有破损，除应当面向客人说清楚外，还应在"行李寄存牌"上加以注明。如客人提出寄存的行李由他人代领的，应请客人把代领人的姓名、单位或住址等信息写清楚。请客人通知代领人携带"行李寄存牌"的下联和有效证件来领取行李。

（6）行李寄存超过一天的，须存放到行李房内并将客人的几件行李用绳子串在一起，以免混淆。

（7）经办人在行李登记表上记录并签名，注明行李存放地点、物品件数与描述、寄存日期及时间、客人的房号、行李单号、联系方式等。

（8）客人来领取行李时，请客人出示"行李寄存牌"的下联并收回下联。询问客人行李寄存的件数。如是代领人来领取行李的，请其出示有效证件，报出原寄存人的姓名、寄存的行李件数与物品描述。

（9）与"行李寄存牌"上联核对。核对无误后发放行李，并让客人确认。如是代领人来领取行李的，收下"行李寄存牌"的下联与上联核对，然后再查看行李登记表，核对准确无误后，请代领人写下收条并签名，方可将行李交给代领人。若客人遗失"行李寄存牌"，则应请客人出示有效身份证件，核查签名，同时请客人报出寄存行李的件数、房号并对其行李的形状特征、内含物品等进行核对确认。如确定是遗失了"行李寄存牌"的客人行李后，须请客人写一张领取寄存行李的证明并签名，同时复印其有效身份证件留底存档，表示客人已领走所寄存的行李。

（10）行李发放后将"行李寄存牌"上联和下联（或客人所写证明、有效身份证件复印件）订在一起存档，并在行李登记表上做好记录，如表14-5所示。

表14-5　行李登记表（Luggage Storage Record）

Sept 29th, 2021										浙江经济大酒店
寄存日期及时间	行李单号	房号	客人姓名	联系方式	物品件数与描述	存放地点	经办人	领取日期及时间	经办人	备注
9.29，15:00	1001199	610	江××	12345678901	1件拉杆箱，宝蓝色卡帝乐鳄鱼牌	地面	李××	9.29，21:25	李××	张小姐代领，附ID复印件及收条

1.针对散客分别做行李进、出服务。

2.针对团队客人，分别做行李进、出服务。所需团队行李记录表可参见图14-12。

3.为客人做行李寄存和领取服务。

任务四　自助行李寄存与领取

观看相关视频，学习自助办理行李寄存与领取（见图14-14和图14-15）。

当客人要寄存的行李物品不大时，行李员可协助客人办理自助行李的寄存与领取。遇到问题时，行李员应及时给予帮助，或将客人带至行李柜台为其办理行李的寄存与领取。

14-4
武汉金盾舒悦酒店视
频之自助取行李部分

图14-14　办理自助存/取行李　　　　图14-15　机器人存取行李

任务五　行李服务中应注意的事项

不要小看每一步的规范操作

那天我上早班，与我们的主管一起搭班。前一天工作群里就已交代那天有一个台湾旅行团要离店，需要礼宾部提前把所有客人的行李在客人指定的时间内送到大门口并放入该团大巴车上。我是第一次遇到团队出行李，主管和我说，团队的行李都是提前放到房间门口，只要装上行李车拉下来就可以了。我还是有点忐忑，到了出行李的时间，主管刚好忙其他事去了，他事先和我讲过该怎么出行李：一张团队行李表上列出了该团的所有房间号及该房间要出的行李件数，我只要去每个房间门口取走行李，登记好实际件数，把行李运送到大堂就OK了。我心想只要一个房间一个房间地取，应该就不会出错了吧。于是，我就一个人拉着行李车去收行李了。我按照主管说的，每一个房间拿好就写上实际件数，拉完了一车放在了大堂，心想这也没什么难度，然后就继续拉完第二车行李。此时，只差两个楼层的行李没拿，我心中估算这应是最后一车了。到了楼层后我发现这几个团队客人都住得比较近，不是隔壁就是只相隔了一个房间，我就一鼓作气把附近的行李都装上了车，结果忘了写明每个房间的实际行李件数。我只好按照行李的数量和记忆写了一下，最后实际数量一相加发现好像少了一件行李。哎呀，完蛋了！少了行李对客人的影响太大了，我赶紧一个一个检查到底是哪个房间少了，找到最后，锁定了一个房间，我就敲门，问客人拿行李，客人正好在卫生间，我就在门外等了好一会儿。这时一个语音电话打了过来问我："你在干吗？客人都要走了，最后的一点行李在哪儿？客人都催了，很着急。"我也很着急，怎么办？我该怎么办？这时客人出来了，我问过以后发现并没有行李。我很奇怪，想着这个团队是着急要走的，先把行李推下去吧，应该不会少的。结果我将行李推下去后，一看团队单，发现原来是我把其中一个房间的行李件数写错了，多写了一件。

事后，我想了想还是因为最后一车太着急了，没有规范操作才出现了这样的错误。好在客人并没有说什么，也没有投诉我。

思考：你从这个案例中体会到要做好行李服务每一步都需要规范操作了吗？

理论知识

一、有携带行李的客人下车时

行李员在帮助客人取出行李时，要注意以下几点：

（1）询问客人有几件行李，哪些是他的行李。行李员应与客人一起核对行李件数，保证行李没有被遗忘在后备箱或车内，且都是他本人的行李。

（2）在提取行李时要注意每件行李是否有破损或者快破损的地方，并及时向客人指出。行李员可以这样说："×先生，这里有点破了，不要紧吧？（要不要找个人给缝一下？）"事后行李员应在登记本上加以注明。

二、客人从房间打电话下来要求行李员为他出行李时

客人从房间打电话来要求行李员为他出行李时，行李员要注意以下几点：

（1）是几号房间打来的电话？是哪位客人打来的电话？行李员应与电脑内登记的资料进行核对。

（2）问清楚有几件行李，以判断是否需要用行李车去装行李。

（3）问清楚客人何时需要到其房间去把行李拿下来。

行李员在做行李服务时，要规范操作，注意细节，不同情况下应有不同处理方式。凡事都要考虑周到、全面，提高效率，避免带来不必要的麻烦，并懂得学会保护自己。

模块十四
礼宾部（行李房）

任务六　行李服务中经常遇到的几个问题

一、行李已到，团体客人未到时

（1）根据团队名单上预先分配的房间号码，可先将行李送进房间。

（2）如不能确定房间号码或者行李牌上没有客人姓名，则可先清点行李件数，查清有无破损后，再集中放置在大厅，用行李网罩住以确保安全，注意不要与其他团队客人的行李混合。

（3）等客人抵达、明确具体房号后，再将行李送入房间。

二、团体客人已到，行李未到时

了解客人的行李情况。向地陪了解行李未到的原因及什么时候能够到达，答应客人行李一到就立即送到其房间，以免客人久等。

三、行李寄存牌下联遗失时

客人寄存了行李在行李房，但遗失了行李寄存牌的下联。客人要求取回自己的行李但又没带有效身份证件，只能详细说出行李的具体情况。此时，应该：

（1）请客人提供有效身份证件后再来领取。

（2）如果客人一时拿不出有效身份证件，又急于取走行李，应该：

请客人出示信用卡，核实签名并复印（要保证信用卡是有效的）；

请客人告知入住登记单上录入的信息内容，并调出入住登记单进行核对；

核对客人寄存行李的具体时间，确定行李的详情是否与记录一致。

（3）核对无误后，请客人写下收条，取走行李。

能力训练

与散客行李领取服务程序相比，你觉得怎样做更安全、合适？

四、客人反映在外遗失了物品需要帮助时

（1）了解物品的情况、客人去过的地方和接触过的人、物品不见的时间等详细情况。

（2）根据客人提供的情况，请客人及时报案或办理挂失等手续，或与客人去过的地方取得联系，或陪客人去经过的地方再仔细寻找。总之，尽可能地帮助客人，体谅客人的焦急心情。

五、住店客人打电话来请你代买药品时

询问客人的情况，明确告诉客人不能代买处方类药品，建议客人可自行在网上购买。如有需要可请酒店驻店医生到房间为其诊疗，或帮助客人叫车去附近的医院。

六、同时有几批客人抵达酒店，行李较多时

对同时抵达酒店的几批客人的行李，应分别挂上行李牌或罩上网罩成堆放置，再分批及时按房号送至客人手中，不要出错。

⚲ 项目三　如何做好行李服务

案例导入

香港半岛酒店行李员的意外做法

这是香港半岛酒店一位行李员的真实故事：一天，有位客人在等待退房，其间不停地在捶背，可能背部很不舒服。这时在旁边等候该客人退房的行李员走到客人背后，帮客人轻轻地按摩并说他学过按摩，希望这样可以帮助到客人。事后那位客人非常感动，要给行李员小费。行李员没有拿，只是说希望可以尽自己的力量帮助客人。后来这位客人还给酒店总经理（GM）写了封信，称香港半岛酒店培养的员工就是不一样。这个故事使后来看到过这封信的人深深地记住了这家酒店，期待着有一天能亲自到这家酒店去感受一下。

实习生做门童容易犯的错误

有位同学在宁波某五星级酒店实习做门童，结果没做几个月就辞职了。原来他在做门童的时候，一次看到行李员帮客人搬行李太忙了，他就去帮忙，没想到客人给了他20美元的小费。之后，他就经常以行李员忙为借口帮客人搬行李，得到了不少小费。这种行为自然遭到了行李房员工的一致排挤。最后，他因擅离岗位待不下去只得离开。

思考：你从这两个故事中体会到了做好行李服务的关键是什么了吗？

理论知识

一、正确看待行李服务工作，做一个受人尊敬、有能力的行李员

行李员不仅是"搬运工"，更应是传递酒店信息、给予客人帮助和快乐的角色。因此，一个受人尊敬、有能力的行李员，不只是善于提前一步为客人提供服务、乐于助人，还应该是一个善于思考、有较广知识面、信息灵通、有语言技巧且交际能力较强的熟悉酒店及其业务的人。

另外，在行李员这个岗位上工作，还要注意处理好利益关系，处理好与同事的关系，学会做人和做事。不能正确对待小费，不会做人和做事，是实习生在星级酒店工作时容易犯的错误，读者们应注意并予以高度重视。

二、好的行李服务是什么

（1）好的行李服务就是要先人一步，即比客人快一步。比如，当看到客人拖着行李从酒店出来时，行李员应马上接过行李并询问客人的需求，为客人叫车、打伞，送客人上车等。

（2）好的行李服务就是远远地看到客人就向客人微笑致意。

（3）好的行李服务就是给客人带来方便和快乐。

（4）好的行李服务就是不怕麻烦、不怕跑腿，给客人提供准确的回答或及时的帮助。

（5）好的行李服务就是主动一点，热情一点，多做一点，多想一点，反应快一点，知识面广一点，待人真诚一点。

（6）好的行李服务就是能满足客人之所需，并做得专业。

⚲ 项目四　机器人行李服务

> **案例 1**

带着机器人去逛街，能装行李不走丢

比亚乔（Piaggio）公司发布了一款小型的搬运机器人，在你入住酒店、逛街、上下学等等需要的时候它会乖乖跟在你后面，帮你搬运东西（见图14-16~图14-18）。

图14-16　放置行李

图14-17　进出电梯

图14-18　去某处送行李

这款叫作Gita的机器人是Piaggio公司的首款机器人产品。它高约66厘米，从外观上来看，是一个圆圆的桶，还是挺萌的。Gita的舱门配有一个带锁的盖子，可以放置约18公斤的物品。最高时速可以达到35公里，所以无论你是步行还是骑车，它都能跟上不会走丢。用户仅需要在身上佩戴一条白色腰带，Gita就会借助用户腰带上的摄像头来识别主人，并根据佩戴者的行走路径创建3D云地图。该款机器人充电时间为3小时，满电情况下可续航8小时。

14-5
圆形载货机器人Gita

摘自：https://www.chinaz.com/news/2017/0418/688915.shtml. 2017-04-08.

超级智能！火车站里的机器人帮你搬行李

　　行走在宽敞明亮的清河站内，有"人"会帮你拉行李并将你准确引导至检票口。它不是漂亮的铁路小姐姐，也不是帅气的铁路小哥哥，它是行李搬运机器人。不论是刷电子客票、报销凭证、身份证，还是进行人脸识别，只要让它"看"一下你的乘车信息，它就会通过高精准度的定位导航快速准确地把你引导至相应的检票口。想去卫生间、饮水处、便利店……统统没问题。主动避障、自主规划线路、智能穿越人群，只要在清河站内，你想去哪里，它都可以为你领路！这款行李搬运机器人载重达100公斤，还具有重力感应防盗功能，可以防止行李丢失。除了自主导航模式，行李搬运机器人还有跟随模式，旅客走到哪儿，它就带着行李跟到哪儿（见图14-19和图14-20）。

图14-19　搬行李又认路的机器人（1）　　　　图14-20　搬行李又认路的机器人（2）

摘自：https://mp.weixin.qq.com/s/NURBufXzmsoF7BQ8_zx9DA. 2020-11-15.

能力训练

　　小程序设计：请就客人抵达酒店后租借使用1~2个Gita机器人装放行李并运至客房，设计一款在线应用小程序。

思考与练习

　　1.行李清洁要素。确定客人行李箱的脏污程度，若行李箱上只有灰尘，应该怎么处理？

　　若是硬面行李箱，或是金属面行李箱、绒皮革行李箱、皮质行李箱，当污渍不严重或污渍严重时，应分别怎么清洁处理？

　　2.根据以下内容展开讨论：该从哪些方面来管理礼宾部（行李部）？

　　礼宾部主管直属上司：前厅经理。

　　礼宾部主管下属：行李领班、资深行李员、行李员、门童。

　　礼宾部主管的主要职责：负责礼宾部的整体工作，组织、指导、控制部门员工有效地开展工作。

　　礼宾部主管的素质要求：熟悉前台的工作程序，具有较丰富的知识面和经验，有较高的英语水平。

　　礼宾部主管的主要工作内容：

　　（1）严格按照酒店的规章制度和部门工作程序，主持并参与部门的日常工作。

模块十四
礼宾部（行李房）

（2）主持部门日常工作，确保部门内及与其他部门有效沟通，为客人提供良好的服务。

（3）主持每天的工作例会，把酒店及上级布置的工作、政策、信息等及时传达给下属，分配下属的工作任务并检查其完成情况。

（4）完善部门的操作程序，处理宾客投诉中和本部门有关的问题。

（5）掌握重要接待任务，大型会议、团体及贵宾抵离店情况，合理安排人员或机器人运送行李、控制电梯，做好迎送工作。

（6）开展员工的思想政治工作及业务培训工作，建立员工提合理化建议和意见的渠道，建立奖惩制度，定期评估员工的工作表现，促进团队精神，保证部门的工作质量和服务水准。

（7）做好部门的财务管理和成本控制工作。

（8）做好机器人的使用、管理和维护保养工作。

（9）负责部门的治安、安全防火工作。

（10）定期收集有关信息，完善各项服务工作。

（11）做好酒店门外出租车、车队或各类网约车的管理工作。

（12）根据新冠疫情防控期间的要求以及酒店经营需要，做好防疫消毒、防疫物品的储备和分发、员工健康管理等监管工作。

（13）完成上司指派的其他任务。

模块十五 总机

学习目标

知识目标

1.掌握总机的主要工作内容和各种设备设施的使用方法。

2.把握酒店总机的发展趋势。

3.掌握遇火警或停电等时的处理和应对方法。

能力目标

1.会做留言、叫醒、客房保密和免打扰服务。

2.熟悉酒店产品和业务,能在第一时间给予客人最正确的回答。

3.在遇到火警或停电等情况时能及时、妥当地进行处理。

课前小测

行李生的主要工作内容及要注意的事项。

15-1
课前小测

项目一　总机工作内容

任务一　总机房的主要设备设施

总机房的设备设施主要包括电脑、酒店操作系统(多数高星级酒店用的是Opera系统,见图15-1)、现场总线控制系统(Fieldbus Control System,FCS)、语音信箱系统(Voice-Mail System,见图15-2)、程控交换系统、电话记录系统、传呼系统,以及可进行会员积分、里程查询亦可做预订的全球预订系统(如Holidex、Marsha等)。此外,还包括电话机、传真机、打印机、白板等常用物品。

图15-1　Opera系统

图15-2　Voice-Mail System做叫醒服务等

191

任务二　总机话务员的主要工作内容

请根据表15-1中小雅同学，表15-2和表15-3中小柔同学的真实实习记录来了解总机话务员的日常工作内容以及工作感受。

表15-1　总机实习记录

实习时间	学到的	在做的
第1~2周	1.了解酒店情况； 2.简单的对客服务沟通技巧； 3.话务台及电脑操作系统的使用； 4.接电话的程序及问候方式。	1.入职培训； 2.背诵分机表以及总机相关资料； 3.听师傅怎样接电话； 4.学习各项操作系统。
	这两周我学习了比较多的东西，所有内容都是与工作有关的。最后几天每天都在听师傅接听电话，听她如何处理客人的各种要求。尤其是上了夜班，这对我来说是十分新鲜的。这是非常忙碌和充实的14天。	
第3~4周	1.处理火警（Fire Alarm），处理免打扰（DND）； 2.学习如何给客人留言； 3.操作外线传呼及内线传呼； 4.输入话费； 5.学习如何关闭大堂音乐。	1.熟悉计费系统； 2.处理客人上不了网等情况； 3.打印已入住客人及VIP报表； 4. 做叫醒服务。
	这是师傅带我的最后两个星期。这两周我巩固了所有学习到的内容并进行了一次测试。我认为做总机话务员是一份很锻炼人的工作，基本属于万能型，什么岗位都要接触，什么都要处理。	
第5~6周	1.处理客人换房及宽带问题； 2.填写欢迎卡； 3.查宽带免费（Free VDL）的客人。	1.检查叫醒设置； 2.收预订单及延续免打扰（DND）； 3.查已入住客人报表上的会员等级并做升级处理。
	这是我独立工作的两周，我发现所有的事情加在一起是十分麻烦的。令我开心的是，我做得还是相当不错的，得到了领导的多次表扬。	
第7~8周	1.学习如何做预订； 2.使用全球预订系统Holidex。	1.登记团队信息和会议（酒店其他部门会来询问）信息； 2.处理叫醒失败的情况； 3.打印第二天将到客人报表（EA）； 4.处理客人的各项要求； 5.月考。
	这两周我进行了第一次月考。我根本没想到还会再有测试。不过通过这次测试，我发现自己还有很多不足的地方。这是平淡的两周。	
第9~10周	1.学习预订的多种分类； 2.学习处理客人要求的技巧。	1.做预订； 2.接听电话并做好相应处理。
	这两周我做了预订，它看似简单，其实相当复杂。所有的预订单都有不同的分类，其对应的价格也都不能出错。我还是容易混淆。	

实习时间	学到的	在做的
第11~12周	1.学习如何进入LPU，根据客人在酒店的消费计算他的积分； 2.LPU的计算及录入（只需输入客人的消费金额，系统会自动换算成积分）。	1.检查行政楼层的宽带； 2.打印已入住客人报表； 3.检查电视信号，处理客人的要求。
	这两周我主要学习了如何进入LPU系统做录入，这是我每天都要做的工作。	
第13~14周	PC卡[①]的录入	1.检查白板、话费； 2.做叫醒服务； 3.处理团队事务； 4.处理客人的要求。
	这两个星期比以往更忙碌，压力非常大。这是我第一次感受到这项工作的艰辛。	
第15~16周	1. PC卡的检查及Holidex的录入； 2.学习安抚客人情绪的技巧。	1.改房价； 2.做预订。
	这两周依旧忙碌，我主要学习了PC卡的录入，还有就是学习怎样安抚客人的情绪。	
第17~18周	1.学习填写新的PC卡； 2.处理客人的投诉。	1. EA的检查，LPU的录入； 2.打印已入住客人报表，并做会员卡等级的升级； 3.做预订。
	前一周因为临近春节，客人超级多，总机的工作量也增加了很多，是很累的两周。这期间客人要求的处理速度也相对慢了一些，不过我们还是在很努力地工作。	
第19~20周	1.订火车票、飞机票； 2.对客服务。	1. LPU的录入； 2. PC卡的录入。
	这两周很平静，客流量不大，工作相对比较轻松，学习了商务中心的操作知识。	
第21~22周	1.火警撤离的全过程； 2.对客服务。	1.给客人留言； 2.接听各路电话； 3.处理客人的要求。
	这两周慢慢恢复到春节时的忙碌景象。这期间我接受了火警撤离的培训。如遇火灾，总机人员必须报完警才能离开岗位，所以必须全部学会并加快速度。	
第23~24周	1.处理客人的要求； 2.学习Opera系统的操作。	1.处理客人的要求； 2. Holidex的巩固。
	这是我工作的最后两周，至此6个月的实习就全部结束了。这两周还是和以前一样，很开心能在总机实习。	
总结	在总机工作中，常见的是洗衣、退房和网络问题，以及一些杂的服务。难的就是处理事情要快速、准确，要及时安抚客人的情绪。总之一句话：做总机工作心理承受能力一定要强。	

注：PC卡是假日酒店集团独有的会员卡。

模块十五
总机

思考：根据表15-1，总结总机话务员的主要工作内容。与表15-2和表15-3对比，有哪些变化？

表15-2 总机实习培训内容

2021年8—11月

序号	知识培训（Knowledge Training）	技能培训（Skill Training）
1	班次安排与请假制度、调休与换休制度介绍	接内/外线电话的标准
2	部门组织结构、部门管理层介绍	内/外线电话转接
3	熟知各部门的位置及功能	话务台系统及数字电话的使用
4	部门工作流程（早班、中班及小夜班）	勿扰服务及保密服务的设置与操作
5	客房保密服务	如何转接做DND服务的电话
6	突发和紧急事件初期处理（重点：火警及炸弹威胁等）	敲门/进门程序
7	岗位必备英语	递送物品操作程序
8	酒店通讯录	Opera系统相关功能
9	简易产品知识（酒店周边及内部相关信息等）	价格查询（协议价及门市、会员价）
10	价格代码及促销活动介绍	遗留物品处理、查找
11	客房餐单介绍	物品的借出及收回
12	对客服务专业用语和言行	客史查询及喜好的收集
13	电话礼仪	如何处理客人电话要求开门
14	各种卡及预订专线/中心电话介绍	叫醒服务（散客及团队）& FCS
15	网站管理（Site Administration），查看电话权限，清除房间话机上留言灯等	火警报告/火警解除程序
16	宾客满意度、宾客反馈意见的收集	客人投诉处理及Tracking建立
17	万豪GXP对客服务系统（case、chat、会员查询），客人还可在酒店APP上联系客服，总机登录此网站可看到客人的诉求	接到换房电话的操作
18	Marsha预订系统介绍	做预订及修改预订
19	电话投诉的处理	房间续住处理
20	如何与客人建立个人感情关系	如何操作收行李的电话
21	会员等级介绍	如何连接酒店的无线网络，如何处理无法上网等情况
22	安全隐患、突发事故、工伤事故的处理	如何拨打外线电话、清除留言灯

序号	知识培训（Knowledge Training）	技能培训（Skill Training）
23	发现可疑人员或可疑包裹的处理	录音系统的使用
24	房间参观	客人加床/撤加床的处理
25		点餐注意事项
26		房券预订（有价房券及免费房券）

表15-3　总机实习记录及感悟（部分）

2021年8—11月

实习阶段	实习记录及感悟
入职总机	入职前和入职后对总机的印象，是完全不一样的。入职前，我以为总机员工的工作，就是接电话；入职后，我发现总机员工需要什么都知道一些，虽然不需要精深，但各方面都需要了解一些才行，因为总机就是"为您服务中心"（At Your Service，AYS）。
上班前先交接	每天上班后，每个班次的首要流程就是开交班会，员工不仅需要了解昨天的入住情况、投诉事件追踪（Tracking）等，还要了解当天将要抵店的VIP客人的特殊要求以及抵店客人需要我们注意的事项。
第一天上班和之后几天的学习、工作	开完交班会回到办公室，经理给我打印了酒店的通讯录，并给我介绍了总机员工日常工作中经常会联系到的部门的电话，然后要求我记忆、背诵。 　　之后，我又背诵了一些关于酒店及其周边景物的常识。 　　学习电话开/关线。因为有些房间是团队房，房费是挂在公司账上的，按其要求，AYS会把房间内的电话开成内线，即只能拨打内线电话，不能拨打外线电话。 　　学做预订。先要学习掌握酒店的房型代码。在Marsha系统（万豪自己的预订系统）里，豪华大床房的房型代码是GENR，豪华双床房的是DBDB等。做预订前，要先查看当天的房态情况。这两天房间不紧张，我就尝试用自己的名字做了第一个预订：第一步，输入入住时间和房型，若能点击进入就代表这个房型在Marsha系统里是可以预订的。第二步，输入预订人的姓名、联系方式，选择担保的类型以及客人的喜好，谁订的就"F"谁，然后"保存"即完成预定。比如，我们接到客户电话来预订房间的，都会标记"Fguest"（For Guest，即客人订房）。第三步，去Opera操作系统里检查一下预订人的姓名、房型、日期、所含的早餐以及房价，若检查无误就表示预订已做好。 　　学会了Marsha系统以后，我开始学习Opera系统的操作。Opera系统里也是一大串英文，让人看着就头痛。虽然AYS使用的部分不多，但是Opera系统里的东西还是需要有所了解。学了三天，我终于把Opera系统里的东西学完了。在这么多工作中，我喜欢打充电器报表，然后去各楼层收回借给客人的充电器。因为楼层多，跑一次差不多要半小时，时间过得就很快。 　　学做协议价预订。很多企业都会和酒店签订协议价，大公司还会有自己的独立网站来订房，比如华为的慧通差旅、阿里巴巴的八商山等平台。有些公司虽然没有自己的独立网站，但公司内部有一个可以订房的系统，可以协议价来做预订。这些预订单就会直连到AYS这边，此时就需要我们用协议价做到酒店的预订系统里。

实习阶段	实习记录及感悟
第一天上班和之后几天的学习、工作	做好预警提醒和注释。在做协议价预订单时，要注意酒店与不同企业签署的协议条款的特殊规定。例如，华为员工通过慧通差旅平台预订酒店客房，按照华为公司的规定，员工入住酒店时需要其本人签字。面对这类订单，我们要及时做好预警提醒"Check-Out Alerts"和"Reservation Alerts"（见图15-3），以及预订注释"Reservation Comments"（见图15-4），提醒前台的同事让客人签字。  图15-3 预警提醒 图15-4 预订注释 接下来的四天时间里，我继续背诵酒店的各种资料。
我学会了做各种预订，总机工作让我学会严谨做事	我第一次接到客人打来电话预订房间的时候，内心其实特别忐忑，都不知道该从哪里问起，怎样才可以快速地得到有效信息。 　　有一次，我还在跟着部门同事学习时，就接到了预订电话，当时我就很蒙。幸好当天的房间没有特别紧张，我记得我一直重复问同样的问题，然后客人就问我是不是新手，我心想我都来实习一个月了，就下意识回答说不是。客人还是很怀疑我能不能给他订好房间，就问我姓什么……后来同事和我说，这位客人是觉得我不能帮他预订好房间，到时他来了酒店，就会说是某某女士接的电话，会来酒店投诉我。从这时开始，我意识到：进入职场后，你做任何事情都要特别严谨。因为经常会有客人、携程平台客服以及各种OTA合作平台的人来问你的姓氏，一旦出现问题，他们就会说是总机的某某女士同意的，这就容易引起投诉和一些不必要的麻烦。 　　在我第一次正式接听客人的电话预订时，我的同事们都很热心地教导我：先要问有没有公司协议价，是不是会员，需要什么房型，同时帮客人查询价格；然后问入住及退房的时间，预订人姓名以及联系方式；最后问客人大概的到店时间等。之后，预订电话接多了，预订单做多了，我也就慢慢熟练起来了。那时候我就觉得自己运气非常好，办公室的氛围很好，同事和领导也都特别好相处。遇到不会的事情，大家都会耐心地教我。

实习阶段	实习记录及感悟
实习一个月后，我开始独立工作，客遗物品的处理务必要仔细	在实习了一个月时间之后，我开始独立工作了。一开始我心里很没底，但真正一个人开始工作后感觉其实也并没有这么恐怖。总机一天有四个班次：小早班、早班、中班和小夜班。早班还算清闲，大早上的不太有电话打进来，就算有，大多也是一些需要提早开增值税专票和水单等的来电。接到此类电话后，总机员工需要告知前台同事跟进。 　　比较忙碌的班次主要是中班和小夜班。通常下午五六点之后，打到总机的电话会比较多，再加上若发现房间内有客遗物品，那么总机员工就需要联系当天退房的客人，这样就会更加忙碌。虽然联系客人并告知其有物品遗留在酒店，是一件挺简单的事情，但同样需要总机员工具备耐心和细心。有时候客房清洁员会把客遗物品的房间号码写错，有些脾气不好的客人接到电话就会骂人。之前有一个同事把客遗物品弄错了，把一个挺贵的卸妆膏给了另外一个房间的客人，结果卸妆膏的主人来找，知道这事就不乐意了。虽然那个卸妆膏被还回来了，客人还是不满意，最后同事还赔了钱。这事让我每次处理客遗物品时，都会核对好多遍才会放心。客遗物品的登记格式都是一样的，如"2021/11/12/AYS/Nicole Rm1112 c/o11.12+遗留物具体信息"，最后再写上客人的意见。我们会根据客人的意见对遗留物品进行处理：或邮寄给客人，或等客人下次入住时来取。需要注意的是，房间号、遗留物以及退房时间等，这些信息务必保证不能写错，不然下次客人来拿时就会找不到或者被其他人拿走，这样就会特别麻烦，严重的话还会引起投诉。 　　这周的最后一天，我第一次上中班，学习了中班该做些什么。中班和早班的区别主要在于：多了打客遗电话、发报表以及做预订。刚开始主管让我独立打客遗电话时，我反复确认信息仍感到很忐忑，最后还是不小心打到了住店客人那里，所幸客人也没说什么。
学会处理投诉，能熟练写追踪（Tracking）处理	总机通常是最早接收到客人信息的地方。有些客人对于酒店的硬件或软件不满意，就会打电话到总机投诉。对于比较难解决的投诉问题，我们就会写追踪（Tracking）。 　　例如，有一次有位客人点了好几样餐，餐厅的同事忘记拿全客人的餐，在向客人道歉后同事马上去餐厅拿剩余的餐。几分钟后，客人就打电话到总机投诉这件事情。我接到投诉电话后，第一时间向客人道了歉，并立即转给了当班的值班经理。值班经理马上喊了餐厅的主管和当时送餐的同事一起去给客人道歉，并赠送了一份果盘，客人就接受了。这件事情结束后，值班经理就让我写下了这事的Tracking。又如，10月时，酒店的冷热空调还没全面开通，楼层高、向阳的房间就会有些热，而楼层低、背阳的房间则会有些冷。此时，有些客人就会打电话到总机询问酒店为什么不给开空调。面对这种情况，酒店的做法通常是：冷的房间送被子，热的房间送风扇。有些客人不能接受这种处理方式，就会有情绪甚至会骂人。有一次快下班时，我遇到一位难缠的客人，他说房间很冷，刚好那天酒店满房，没有房间可以给他换，我就给他的房间送了床被子。客人就说那洗澡怎么办，我说再给他送暖灯，他又怕有安全隐患，后来他就把我投诉到会员中心去了。值班经理说这位客人还录了音，客人说要把我与他的对话曝光到网络上，值班经理就让我把和客人说的话一字不差地告诉他。最后，那天我很晚才下班，给客人送了两个暖灯和一份早餐才解决这个投诉。

实习阶段	实习记录及感悟
学会处理投诉，能熟练写追踪（Tracking）处理	现在我每天都能接到客人的投诉，然后写Tracking。Tracking的格式通常是："09:46 2120 Mr. Gao & Ms. Lin p6 11.13-11.14 Zhejiang XX Network Technology C，客人来电反映房间很热，AYS立即向客人致歉，建议客人将空调关闭，打开房间窗户，并询问客人是否需要送一台风扇，客人表示接受。AYS立即通知客房部为客人送风扇，暂未接到客人的其他反馈。"虽然接到了不少客人的电话投诉，但幸好很多客人都给予了理解和谅解。我之前觉得写Tracking挺难的，需要值班经理参与检查，现在也逐渐熟练起来了。
根据会员级别为客人升级房型	根据酒店规定，金卡以上的会员都能升级房型，其中白金卡及以上的会员可以升级到豪华套房。因此，就会有很多客人打电话到AYS来要求升级房型。有些客人会在AYS帮忙升级房型后，对我们表示感谢。有些客人会当天打电话到AYS来要求升级，若遇上那天酒店房源紧张根本没有房间可以给客人升级，有的客人就会投诉，然后会要求将电话转到值班经理处。有些客人会一直拿会员级别压人。面对形形色色的客人，我们需要学会站在客人的立场来帮助客人解决问题。
总机在向首问制客户服务中心转型，但仍有很多客人会找前台咨询并解决问题	其实我感觉总机的存在感并不强，很多客人打电话想找前台却误打到总机，和客人说明后，客人往往会要求我们转到前台。而前台有时候比较忙，来不及接电话，我们通常会先询问客人找前台有什么事。有些客人会直接说是想要些洗漱用品、想要延迟退房等，事实上这类问题总机也是可以帮客人服务和解决的。比如，一次一位客人来电咨询新冠防疫政策，我让客人稍等，我找一下文件后再告诉他，客人拒绝并要求将他的电话转接到前台。我和他说文件找到了，他又说我理解文件还要一段时间，前台能马上告诉他。我心想，前台这么忙，也是要先打开文件再查看的，但还是按客人要求将电话转去了前台。总之，我感觉客人通常会比较信任前台。还有一次，有位客人让我转前台，我问他有什么事情可以帮他的时候，客人反而觉得是我多事……想为客人服务真是太难了。

👤 课堂练习

思考：根据表15-2与表15-3，总结总机话务员的主要工作内容是

任务三　总机工作中的注意事项

案例导入

要会熟练使用各种设施设备

这周我开始真正独立工作了，虽然有小夜班，但是小夜班的同事要05:30才会来，我很害怕中间的两个小时里会遇到自己一个人处理不了的事情。结果那天来了一个传真预订单，这个预订单要先传给预订部，他们处理后要传回携程平台那边。问题来了：

我不会用传真机，而当时办公室里只有我一个人……后来携程平台的客服机器人一直打电话来催，我只能把电话暂时转接到前台去，再将单子送到预订部。

要熟悉酒店最新政策与信息，给予客人的信息是正确、准确的

今天接到一位客人的电话，询问能不能穿拖鞋去行政酒廊。我听后不以为意，于是随口和客人说了一句："应该可以的。"结果，没多久行政酒廊的同事就打电话来告知酒廊不能穿拖鞋进去……事后，我们主管就这件事情批评了我。

有些规则需提前告知客人：电脑只能开当天的发票

有这么一位经常入住我们酒店，且经常投诉酒店的客人。一天中午饭点时，我接到这位客人的电话，他投诉称昨天告知前台要开4月10日的发票，到现在前台都还没有开给他，再不解决好这件事情，他就要求酒店负责他当天的全部费用。吓得我赶紧联系前台给他开10日的发票。发票开好后，我马上给客人回电说10日的发票已开，并已发到客人邮箱里了。处理完这件事后，我总感觉不会这么简单。果真，下午我就接到GSM（宾客服务经理）的电话，说客人投诉我了：他要求发票抬头上的时间是10日的，而我们发给他的发票日期显示的是当天（11日）的。我的天啊，时间已经过去了，10日的发票是无法开出来了的。后来我们经理在工作群里问我知不知道发票上的日期只能开当天的，我说不知道，她就说当初的培训工作没有做好。我感觉我很无辜，我就传了个话，督促前台开了张发票，结果……

最后酒店赔偿了那位客人当天的费用。这件事给我留下了很深的印象，之后再有客人要求开发票时，我都会提前问清且马上落实不过夜。

理论知识

总机工作中应注意：

（1）话务员是酒店内"看不见的接待员"。在电话线上客人的种种反应都要靠话务员的工作经验以及细致的服务来应对。因此，话务员对待客人时要细心、耐心、礼貌，并掌握一定的沟通技巧。

（2）在接听外线电话时，话务员应立即说出酒店的中英文名称并及时问候客人。在仔细听清楚对方的要求后应以最快、最准的速度来接驳，千万不要接错。尤其在深夜，更应查对无误后才将电话转给客人，以免打扰客人休息导致投诉。若是要接转的客人不在，应问清对方是否需要留言。留言时要写清楚留言内容、留给谁、留言时间及联络方式等。通话结束时，应感谢客人并等对方先挂机后再收线。

（3）话务员应该使用专业术语，例如，"对不起，电话没有人接听""请等等""我帮您查查"，绝不能说"人不在""我很忙""听不到""什么"等不礼貌的话语，说话要严谨，并注意不要说出一些无意识的口头语或不专业的话语。说话的速度要适中，

不能太快或太慢，太快会让对方觉得你不耐烦，太慢则会使人觉得你漫不经心。

（4）话务员应对客人时要有耐心和热心，如遇客人讲不清楚或讲了太长的话，则应有技巧地取得说话的自主权，引导客人将事情讲清楚。

（5）话务员应熟悉世界主要国家（地区）及城市的区号和国家代码，以及国内各大城市的区号；熟悉和了解各主要国家（地区）的通话收费情况；了解世界主要城市与地区之间的时差，以备客人询问。

（6）话务员应熟记本地所有紧急事故的联络电话号码，如消防、报警、水电抢修、急救等。

（7）话务员要具备一定的英语听说能力，能熟练操作总机设备、工具，了解熟悉酒店各类最新政策与信息，给予客人的信息要正确、准确；熟悉并掌握酒店的某些规则、规定，例如只能开当天的发票等。

（8）遇到不能解决的问题和事情时，话务员应请客人稍等，并立即向上级领导或值班经理报告，由他们来处理。

⚲ 项目二　叫醒服务

叫醒（Wake-up Call）服务是酒店对客服务的一项重要内容。它涉及客人的计划和日程安排，特别是叫早服务，往往关系到客人的航班、车次或重要事务的安排。如果叫醒服务出现差错，可能会给客人造成不可弥补的损失。

任务一　对客人要求叫醒服务的回复或确认

如果客人要求酒店提供叫醒服务，我们一定要及时做回复或确认，示例如下：

王先生，我们会在明天早上的6:30叫醒您，您的房号是1812号房。祝您晚安！

Mr. Wang, we will wake you up at 6:30 tomorrow morning and your room is 1812. Thank you and good night.

任务二　做叫醒

观看教学视频，学习并分析叫醒服务程序。研究：其核心要素及注意事项是什么？是否可删减或添加新的元素？

当客人要求叫醒的时间到时，可以这样叫醒客人：

早上好，王先生，这是您早上6:30的叫醒电话。今天天气多云。祝您一天愉快！

15-2
教学视频：叫醒服务

Good morning, Mr. Wang, this is your wake-up call at 6:30 a.m.. It's cloudy. Have a nice day!

任务三　叫醒服务中的注意事项

（1）叫醒的时间和房号一定要确认正确，千万不要出现错叫或漏叫等情况，这极易引起客人投诉。

（2）如有前台通知换房，必须注意此房是否需要做叫醒，如有需要，应及时在电脑系统中做更改。

（3）其他部门通知的叫醒服务，应马上写在做叫醒的名单上，并确认通知者的姓名、序号和叫醒时间等信息。

（4）若客人要求做两个及以上房间的叫醒服务，必须核对这几间房间的客人是不是同一公司的。

（5）每班必须查白板上要做叫醒的房间，明确要求做叫醒的房间是否已退房。

（6）做叫醒时，必须注意a.m.和p.m.的区分：中午12点至晚上11:59为"p.m."，深夜12点至第二天中午11:59为"a.m."。

（7）对于叫醒电话没人接的房间，必须通知相关人员去查看并做记录。特别是设置了免打扰的房间，当叫醒电话没人接听时更要注意。对房间内电话没人接听的叫醒服务，必须有反馈和确认，即客人已醒或不在房内。

⚲ 项目三　客房保密服务和免打扰服务

任务一　客房保密服务

观看教学视频，学习并分析保密服务程序。研究：其核心要素是什么？是否可删减或添加新的元素？

15-3
教学视频：保密服务

（1）当客人要求酒店提供客房保密服务时，酒店应予以尊重。

（2）接到客人提出的保密要求后，要与客人确认是做全部保密（即对所有来电或来访都保密）还是做部分保密（即对某些来电或来访除外），并确认保密截止时间，详细记录后在电脑内将该客人的房间设置成保密状态，同时记录在交接本上，并提交到工作群，传达给其他同事。

（3）在处理查询电话或访客时，只为客人规定范围内的来访者或查询者提供信息。在未得到客人的许可前，不能将客人的任何情况或信息告诉来访者或查询者。

任务二　免打扰服务

一、客人反映房内接到骚扰电话时的处理

（1）了解客人的姓名、房号、接到骚扰电话的具体时间等情况，向客人致歉，并说明会及时调查，同时为客人设置电话免打扰。

（2）进行查找并做相应处理。在上述时间内若有外线电话转入此房间，则说明是外线骚扰电话，这时在转接外线电话时必须先问明来电人姓名，征得客人同意后再转接入房中；若无外线电话转入，则说明是内线骚扰电话，此时可通知保安部采取必要的措施，并及时为客人设置免打扰。

二、免打扰服务程序

免打扰服务程序见表15-4。

表15-4　免打扰服务程序

中文	英文
用标准语句问候客人。	Greet guest by using standard phrases.
仔细倾听客人的要求。	Listen carefully to the guest's request.
确认客人的姓名和房号，询问客人需要做免打扰的时间段。	Confirm the guest name and Room Number，then ask for the period of time that the guest require "DND" service.
询问客人紧急电话和长途电话是否接听。可以这样问："请问什么时候我们可以将电话转进来？长途电话和紧急电话您接吗？"	Ask the guest to see if he/she would like to receive urgent or long distance calls. "May I know the period of time you do not want to be disturbed? How about urgent or long distance calls?"
询问客人如果有人找他/她，希望接线员怎么跟客人说。可以这样问："请问您是希望我们告诉对方您不在酒店还是不想被打扰呢？"	Ask the guest if someone call him/her，what would he/she like us to tell the caller. "May I know what would you prefer us to answer the caller，just say you are not in the hotel or you do not want to be disturbed?"
重复客人做免打扰的要求，使用结束语和客人告别。	Repeat the "DND" request to the guest and use an ending phrase.
在做免打扰的登记本上登记好以下内容：日期，时间，客人姓名，房间号码，从几时到几时客人要求做免打扰以及登记者的首写字母。	Write down the followings on the DND book：Date，Time，Name of guest，RM NO.，from what time to what time，Operator initial.
在白板上写上免打扰的房号，在话务台上将该房号的线路做免打扰到凌晨1点。	Write down the request on the whiteboard and set up DND(to 1:00 a.m.) into switchboard under the requested phone.
在Opera操作系统里做设置。	Do the DND on the Opera operating system.

中文	英文
如果有人打电话找这位客人，根据客人的要求转达来电人或建议来电人做留言。	If there is a call for the guest, inform the caller according to the guest's request, or suggest the caller to leave a message.
若来电人坚持要转入客房，可联系大堂经理处理。	If the caller insist on speaking to the guest, connect the caller to guest relation manager.

能力训练

1.两人一组，分别模拟客房内接到骚扰电话时的处理过程。互换角色再模拟，直到熟练为止。

2.两人一组，分别使用中、英文练习如何做叫醒。

项目四　总机的发展趋势

随着智能终端和网络的普及，总机的传统功能逐渐减弱。原来总机每天还能为酒店带来收益：国际长途话费和国内长途话费。现在除了转接电话、回答客人的咨询、提供叫醒服务和留言服务外，总机的业务量大幅度下降。很多酒店也在考虑：总机该怎么做？过去，114查号台只提供电话号码查询服务，现在已转型成为一个中介的角色：用户拨打"114"查号后不仅可以直接连接到对方，114查号台还提供订机票、订酒店、订旅游、挂号、找保姆、找房子、代办各种服务等。

万豪酒店的总机叫"为您服务中心"（At Your Service）。从表15-2中的总机实习培训内容可知，总机员工不仅仅是一名话务员，更是一名销售员、预订员、信息员。需要第一时间向客人销售酒店的客房、餐饮及各类产品，对外线、住店客人的电话或线上咨询需要第一时间给出合适的、正确的答复，还替代客房服务中心走出了总机，给客人送变压器、手机充电器、转换插头、接线板、体温计、鼠标、加湿器、眼罩、耳塞等物品，供客人借用。那么，酒店的总机还会有哪些改变？会发展成怎样？是会消失被替代呢，还是更综合全面智能化替代了前台？你认为呢？

思考与练习

1.请根据表15-2和表15-3归纳概括出当下总机的主要工作内容。

2.试讨论当面对火警时，总机员工该如何处理和应对？

模块十五
总机

模块十六 商务中心

学习目标

知识目标

1.熟悉商务中心的主要工作内容。

2.了解商务中心的培训与考核方式。

课中讨论分析

酒店商务中心何去何从，你怎么看？

能力目标

1.会为客人订购各类车票（包括电子客票）。

2.会包账。

3.会操作视频会议中用到的各种设备。

4.会做培训内容中的各项工作。

16-1
讨论：酒店商务中心
何去何从？

项目一　商务中心的主要工作内容

从商务中心服务项目价格表（见表16-1）和商务中心营业登记表（见表16-2）可知，酒店的商务中心向客人提供的服务项目主要有：代订车票/机票、收发传真、提供互联网服务、复印、打字、会议室出租和装订、打印、扫描、翻译、快递、提供周边及城市旅游项目等其他服务。有的商务中心还负责外币兑换业务。因为每班次会有现金、刷卡、支付宝或微信付款或挂账收入，因此同前台做收银的员工一样，商务中心员工需要在下班或营业结束前填写缴交营业所得收入单（见表16-3），并做好包账缴款以及各类设备、成本控制等工作。

表16-1　某商务中心服务项目价格表（Business Center Service Tariff）

票务服务		Ticket Service	
机　票	购票费用+20元每张手续费	Air	Cost + RMB 20/Ticket Surcharge
大巴票	购票费用+20元每张手续费	Bus	Cost + RMB 20/Ticket Surcharge
火车票（座位票）	购票费用+5元每张手续费	Train(Seat)	Cost + RMB 5/Ticket
（卧铺票）	购票费用+15元每张手续费	(Berth)	Cost + RMB 15/Ticket Surcharge
机票确认		Air Ticket Reconfirmation	
	本地确认：免费		Local: Free of Charge
	异地确认：收取长途话费		Others: Long Distance Call Charge
机票改签	免费	Change Air Ticket	Free of Charge
备注：此收费标准不适用于法定节假日及特殊节日		Remarks: These Prices are not Valid for National Holidays & Special Holidays	

互联网服务		Internet Service	
上网服务	10元/前10分钟，后续每分钟1元	Internet	RMB 10/First 10 Minutes, then RMB 1/Minute
传真服务		**Facsimile Service**	
本地	电话费+5元/张服务费	Local	Cost+ RMB 5/Page Surcharge
国内	电话费+5元/张服务费	Domestic	Cost+ RMB 5/Page Surcharge
国际	电话费+5元/张服务费	International	Cost+ RMB 5/Page Surcharge
接收传真	前10张免费，超过则每张加收5元	Incoming Facsimile	First 10 Pages Free of Charge, then RBM 5/Page
国际/国内/市内电话		**IDD/DDD/Local Call**	
国际	0.8元/6秒+15%服务费	IDD	RMB 0.8/6 Seconds+15% Surcharge
国内	0.07元/6秒+15%服务费	DDD	RMB 0.07/6 Seconds+15% Surcharge
信息台	2元/60秒+15%服务费	Information	RMB 2/Minute+ 15% Surcharge
市内电话	1元/3分钟	Local	RMB 1/3 Minutes
复印服务		**Photocopying**	
A4纸	2元/张	A4	RMB 2/Page
A3纸	3元/张	A3	RMB 3/Page
胶片复印	8元/张	Transparency	RMB 8/Page
打字服务		**Typing Service**	
中文	45元/张	Chinese	RMB 45/Page
英文	30元/张	English	RMB 30/Page
打印	10元/张	Printing	RMB 10/Page
租用会议室		**Conffrence Room Rental**	
每小时	150元	Every Hour	RMB 150
半天（4小时内）	500元	Half Day(Max. 4 hours)	RMB 500
全天（8小时内）	800元	Full Day(Max. 8 hours)	RMB 800
会议室包括：白板、白板笔、笔和纸、红茶和冰水		Conference Room Rental Fee Including: White Board, Marker Pen, Pen & Paper, Tea & Ice Water	
其他服务		**Other Services**	
装订服务	30元/30页	Book Binding	RMB 30/30 Pages
翻译服务	翻译费另加收15%服务费	Translation Service	Cost+15% Surcharge
手机充电	10元/次	Mobile Phone Recharge	RMB 10.00/Time
快递业务	邮寄费另加收15%服务费	Express Mail Service	Cost+15% Surcharge

模块十六
商务中心

表16-2 商务中心营业登记表

序号 房号 姓名	收传真	发传真	邮票	电话	打印	装订	快件		复印		其他	票务手续费			出租车	其他	总价	现金	挂账	票据	支票
							信封	服务费	A3	A4		火车	飞机	确认							
总计																					

钥匙领用　领出_____　归还_____　使用时间_____　夜审_____　应收审计_____

表16-3 某酒店缴交营业所得（Remttance of Funds）收入单（样单）

财务部（Finance & Accounting）

使用部门：所有部门（User: General）

收银员 Cashier	部门/餐厅 Dept/Outlets	日期　　年　月　日 Date　　　Y　M　D
班期　由 Shift From　　上午a.m. 　　　　　　下午p.m.	至　　　上午a.m. To　　　下午p.m.	员工号码 ID No.

现金收入 Cash in RMB			信用卡收入 Credit Cards		
币值 Value	数量 QTY	金额 Amount	种类 Item	数量 QTY	金额 Amount
100			美国运通卡 AMEX		
50			维萨卡 VISA		
10			万事达卡 MasterCard		
5			JCB卡 JCB		
2			大来卡 Diners Club		
1			长城卡 Great Wall		
0.5			牡丹卡 Peony		
0.2					
0.1					
0.05			总计 Total		
0.02					
0.01			外币兑换总计 Foreign Currency Exchange		

合计 Total Cash Receipts			币种 Currency	外币现金 Cash	旅行支票 T/C	等值人民币 in RMB
减 现金支出 Less Paid Out			美元 US $			
外币兑换 FCE			日元 JP ¥			
其他 Others			港元 HK $			
现金收入净额 Net Cash Receipts			欧元 UERO €			

支票收入 Cheques		
数量 QTY	总计金额 Total Amount	
	外币兑换总计 Total Exchanges	

收银员签署　　　　　　见证人签署　　　　　　总出纳清点签署
Cashier Signature　　　Witness Signature　　　General Cashier Signature

♀ 项目二　订票注意事项

商务中心员工在为客人代订火车票、飞机票等时，应注意以下问题：

（1）很多城市有多个火车站，如杭州有城站火车站和杭州东站火车站等，上海有上海站和上海南站等。订火车票时千万要注意这个问题，在征得客人同意后方可办理。

（2）订飞机票时，要注意询问客人对机型和航空公司的要求，对经停机票需要先征询客人意见。请客人出示有效证件，保证购票时提供准确的姓名、证件号和联系方式。

办理订票手续时，一定要填写票务委托书（也称订票委托单，见图16-1），并请客人核对后签名。

<table>
<tr><td colspan="3">杭 州 星 联 票 务 委 托 书　　　　0001818
HANGZHOU STAR UNION BUSINESS SERVICE CO., LTD</td></tr>
<tr>
<td>客人姓名
Name of Guest _____</td>
<td>护照号码
Passport No. _____</td>
<td>房间号码
Room No. _____</td>
</tr>
<tr>
<td>日期
Date _____</td>
<td>航班/车次
Flight/Train No. _____</td>
<td>目的地
Destination _____</td>
</tr>
<tr>
<td>预订飞机票
Airline Tickets</td>
<td>仓位 F C Y
Class</td>
<td>预订火车票
Train Tickets</td>
</tr>
<tr>
<td>软座（卧）
Soft seats only</td>
<td>硬座（卧）
Hard seats only</td>
<td>均可
Any Available</td>
</tr>
<tr>
<td>人数
No. of Guests _____</td>
<td>成人
Adults _____</td>
<td>小孩
Children _____</td>
</tr>
<tr>
<td>合计
Total _____</td>
<td>预付人民币
Deposit _____</td>
<td></td>
</tr>
<tr>
<td>经办人
Handled _____</td>
<td>日期　　　　联络电话
Date _____　Contact No. _____</td>
<td>客人签署
Signature _____</td>
</tr>
</table>

☆以上票务将会尽力帮助客人购买，若无法购得火车票或汽车票概不负责。如经确认后退票，将按规定收取退票费。

服务热线：967208　　　传真Fax：0571-12345678　　　微信WeChat：12345678901

图16-1　票务委托书（订票委托单）

（3）由于订飞机票不是酒店的强项（目前很多APP、代理点都能订票并送票上门），因此为客人办理订票业务时应要求客人现付，不能挂账，以免因票价不同或票价发生变化导致客人要求退票。给客人办理电子客票时，一定要仔细核对客人的姓名、有效证件号码、乘坐日期等，千万不能搞错，最后一定要请客人核对一遍。另外，还要询问客人是否要购买保险。若需购买保险，可以同时办理。

（4）商务中心员工应掌握火车车票上的车次字母G、D、Z、T、K、N、L、C分别代表的意思，以便更好地开展对客服务：G表示高速动车组列车（高铁）；D表示动车组列车；Z表示直达特快列车；T表示特快列车；K表示快速列车；N表示管内快速列车；L表示临时旅客列车；C表示城际列车。

（5）航空运输电子客票行程单。当前，机票都是电子客票形式。顾客购买电子机票后，只要凭有效身份证件，在飞机起飞前到机场航空公司专门的柜台或自助机上操作就可以拿到登机牌，经安检后进入候机室。

航空运输电子客票行程单（简称行程单）是旅客购买国内航空运输客票的付款凭证，也是报销凭证。旅客办理登机手续时不需要行程单。

现在，旅客用身份证等有效证件就可在机场大厅航空公司的自助值机系统上办理登机手续。只要在值机设备上明确所乘坐的航班号，再扫描有效证件或输入有效证件号码，确认后系统就会自动给出旅客的姓名、航班号、乘机日期等信息。这时，旅客可以根据系统显示的飞机客舱座位图选择自己喜欢的座位，打印出登机牌即可。整个操作过程前后只需要几分钟，大大缩短了高峰时段旅客在值机柜台前的排队等候时间。不过，旅客如有行李需要办理托运，还是要到所属航空公司相应的值机柜台处办理。

此外，旅客也可以通过手机等移动终端登录各航空公司官网或APP办理值机。例如，旅客可登录东方航空APP，点击"选座值机"，输入证件号码及姓名，点击"办理登机牌"（见图16-2）。值机完成后，更可将电子登机牌一键保存至"Wallet"或"微信卡包"。旅客提前值机后，需要临时改签、退票的，同样可通过手机办理一键取消值机。如果已成功值机，可以看到您的值机记录，进入后点击下方"取消登机牌"就可以取消值机了。

图16-2　在手机端办理登机牌

⚲ 项目三　对商务中心员工的培训和考核

任务一　商务中心员工培训内容

星级酒店对商务中心员工的培训内容如表16-4所示。

表16-4　商务中心员工培训内容

序号	中文	英文
第一阶段：每日的工作和服务项目 Level One: Daily Shift Work，Service Items		
1	如何开始一天的日常工作？	How to start the daily operation?
2	如何阅读交接本？	How to read the log book?
3	如何接待客人？	How to receive guests?
4	介绍商务中心各种系统。	Introduce every system.
5	如何登录不同区域的电脑？	How to log in different area computer?
6	如何接听外部和内部电话？	How to answer external and internal calls?
7	如何让客人在线上等候电话？	How to place a call on hold?
第二阶段：商务中心秘书服务标准 Level Two: Business Centre Secretary Service Standards		
1	如何处理传入传真的要求？如何填写收到的传真记录？	How to handle request for incoming fax? How to fill in the incoming fax form?
2	如何处理发送传真的要求？如何计算发传真的价格？	How to handle request for outgoing fax? How to calculate the cost of the outgoing fax?
3	如何处理复印要求？	How to handle photocopying requests?
4	如何处理包装要求？	How to deal with packaging requests?
5	如何处理打印要求？	How to handle print requests?
6	如何处理扫描要求？	How to handle scanning requests?
7	如何处理客人使用互联网服务的要求？如何开启网络设备？	How to handle request to use the internet service? How to open the network device?
8	如何处理会议室预订？	How to handle meeting room reservations?
9	如何处理来自国内外客人的长途、短途电话？	How to handle IDD/DDD call from domestic and foreign guests?
10	如何处理客人使用客用电话拨打长途、短途电话？	How to make IDD/DDD call with business centre guest telephone set?
11	如何为客人打印名片？	How to handle request to print business card?
12	如何交接班？	How to hand over shift?
13	如何用中、英文提供打字服务？	How to provide typing service in English & Chinese?
14	如何入账？	How to post a charge?
15	如何使用保险柜？	How to use a safety box?
16	如何处理客人要求提供无线网卡的要求？	How to handle request for wireless network card?

序号	中文	英文
17	如何帮客人订飞机票、火车票、轮船票？	How to handle air/train/steamer ticket booking for guest?

第三阶段：网络连接问题的处理
Level Three: Internet Access Problem Handle

序号	中文	英文
1	如何确定客人房间的电脑连通？	How to make sure the computer in guest room is connected?
2	如何在一个房间设置使用两台电脑？	How to set up two computers in one room?
3	如何回应失物招领的问询？如何通过快递服务发送失物招领物品？	How to respond to Lost & Found enquiry? How to send Lost & Found items via Courier service?
4	如何处理客人的打折要求？	How to deal with customer discount requests?
5	如何为参加会议的客人提供食物和饮料？	How to offer Food & Beverage for the meeting guests?
6	如何在会议室内设置视频会议？	How to set video conferencing in the meeting room?
7	如何布置好一部投影仪？	How to set up a projector?
8	如何处理快递业务？	How to handle request to Express Delivery?
9	如何帮客人确认、更改机票？	How to confirm and change air-ticket for guest?
10	如何开发票？	How to make out an invoice?
11	如何使用刷卡机？	How to use the EDC Machine?

第四阶段：部门特殊产品知识介绍
Level Four: Insert Departmental Specific Product Knowledge Information

序号	中文	英文
1	如何出租投影仪？	How to handle request to rent LCD Projector?
2	如何提供照片打印和视频制作服务？	How to provide photo printing and video making?
3	如何出租移动电话？	How to handle request to rent mobile phone?
4	如何处理租用办公设备的要求？	How to handle the request of renting office equipment?
5	如何出租机器人？	How to rent a Robot?

第五阶段：酒店信息及投诉处理
Level Five: Hotel Information and Complaint Handling

序号	中文	英文
1	如何处理停电情况？	How to deal with power failure?
2	如何排班？	How to arrange the Duty Roster?
3	如何盘点设备库存？	How to check equipment inventory?
4	如何接待客人的投诉？	How to receive complaints from guests?
5	如何完成培训计划和做培训记录？	How to complete the training plan and training record?
6	如何完成在线学习？	How to complete online study(e-Learning Module)?

模块十六
商务中心

任务二 对商务中心员工的考核

为了及时掌握员工的业务水平和对客服务质量，在某些管理严格的酒店，前厅部经理每个月都会对商务中心员工进行笔试和暗访，分别从应掌握的信息及信息量、对业务的熟悉程度、对客态度及技巧、语言能力、销售能力、协调/处理事务的能力、工作效率及控制成本等方面对商务中心员工进行多方位考核。

某酒店商务中心月末考核试卷

一、填空题

1. "印象西湖"（   ）日开始停演，（   ）日开始重新上映。

2. 会员登记赢积分活动从（   ）日开始，（   ）日结束。

3. 2023年的婚宴价格在黄道吉日有所提高，价格为每桌（   ）元起订，（   ）桌起订。

4. 2023年的餐饮VIP卡办理规则：客人办理VIP卡需缴纳年费（   ）元，如有特殊客人需要免年费的必须有餐饮总监和总经理的批准，同时该卡的持有人在生日当天不能享有两份生日自助晚餐券。

5. 2023年第一季度的奖励计划为（   ）日到（   ）日，凡以行政楼层房价（   ）元入住两天以上，每次入住可获得2000点的额外积分。

二、问答题

1. 双面复印如何操作？（纸张双面复印和证件双面复印）

2. 客人在商务中心订票的同时有时也需要推荐下一站目的地的酒店，如果有客人让你推荐一下上海住什么酒店比较好，你该怎么做？（写出你认为较合理的处理方式）

3. 客人到酒店来，车可停在哪里？地下车库怎么走？停车是如何收费的？

4. 如何查房间含几份早餐？

5. 酒店有哪些餐厅？分别在几楼？有什么促销活动？

6. 酒店附近有地铁站吗？从机场/火车站怎么坐地铁到酒店？一般要多长时间？

7. 酒店内的游泳池是室内的还是室外的？健身中心在几楼？营业时间是什么时候？住店客人是否免费？要提前预约吗？有哪些项目？

8. 行政楼层在几楼？有什么优惠和服务内容？

9. 行政楼层的客人要在酒店商务中心上网，应怎样处理？

10. 客人订完票后说没有现金，该如何处理？

11. 客人从外线打电话来要求订票，该如何处理？

12. 请写出"印象西湖"的订票流程。

13. 新冠疫情防控期间，需要告知客人哪些信息和注意事项？

从以上内容中，我们可大致了解商务中心的员工应具备的素质和要求。随着网络和新技术的发展，商务中心的功能和服务内容也将不断变化。商务中心今后将更着重于向帮助住店客人解决网络、电脑技术和提供商务环境的功能方向发展，为住店客人提供更多的信息服务及衍生产品，成为客人短暂的会客和商务交流场所。

能力训练

自设场景进行以下训练：

1.订票程序。

2.会议室预订过程。

3.网络视频会议服务流程。

项目四 商务中心何去何从

随着信息技术的不断发展，客人的需求在变化，酒店商务中心的功能也在不断变化。过去，酒店商务中心的主要业务是信息传递、旅游票务预订及其他代办服务。在数字化时代，这些业务往往用一部智能手机都能完成，因此酒店商务中心的传统功能越来越弱化。随着智能手机等移动终端的广泛应用，越来越多的酒店从成本效益和客人需求变化的角度出发，不再专门设置商务中心，而是将复印传真一体机等设备放置在前台接待处或礼宾部，由前台或礼宾部员工协助客人完成复印、打印、传真、过塑等操作。

例如，北京东直门假日智选酒店没有设置专门的商务中心，只在前台员工视线范围内的前厅角落处放置了两台电脑和一台复印传真一体机。该处无专人值守，入住客人可自助操作，也可寻求前台员工的帮助。例如，有些五星级酒店则设置了虚拟的商务中心，该商务中心既有场地和门面，也有招牌和设备，但是没有安排专人值班。当有客人到访时，虚拟商务中心门口处的人体感应装置会第一时间通知邻近部门的员工出来接待客人。这样既降低了人力成本，也保留了商务中心的服务形式。而一些商务型酒店则在传统的商务中心形态中注入了新的经营理念，除了提供优质的办公环境、办公家具及线上线下办公自动化设备，专业的秘书服务，更快的网速外，还加入企业会所（如"企业会所""咖啡馆"等），甚至"培训中心"等配套服务，意在为客人提供更有趣的住宿环境和体验。

思考与练习

1.酒店商务中心员工所需要的素质和技能是什么？

2.如果让你到酒店商务中心去实习，你会怎么做？

16-2
作业分享：你学会了
什么？你掌握了吗？

参考文献

[1] 北京首都旅游集团有限责任公司. 前厅运营管理（中级）[M].北京：中国旅游出版社，2021.

[2] 方伟群.酒店财务管理操作实务[M].3版.北京：中国旅游出版社，2020.

[3] 孟庆杰，唐飞.前厅客房服务与管理[M].7版.沈阳：东北财经大学出版社，2020.

[4] 吴晶.不懂财务就当不好经理[M].上海：立信会计出版社，2016.

[5] 佚名.腾讯游戏与香格里拉集团达成战略合作！电竞、游戏IP主题房首次曝光[EB/OL]. (2020-11-27)[2022-12-12]. https://ol.gamersky.com/news/202011/1341354.shtml.

[6] 佚名.心源性猝死如何急救？"黄金4分钟"很宝贵[EB/OL]. (2019-12-06)[2022-12-12]. https://mp.weixin.qq.com/s/Y9kxOUlxS9GkzJuAivlxUQ.

[7] 余凯.如何挖掘酒店销售潜力——提高员工的推销意识和技巧[EB/OL]. [2022-12-12]. http://www.795.com.cn/wz/42323_1.html.

[8] 曾曼琼，胡晓峰，洪玲.旅游服务礼仪[M].武汉：华中科技大学出版社，2016.

[9] 郑红.现代酒店市场营销（新版）[M].广州：广东旅游出版社，2009.

[10] 中国人民银行数字人民币研发工作组.中国数字人民币的研发进展白皮书[EB/OL]. (2021-07-16)[2022-12-12]. https://www.gov.cn/xinwen/2021-07-16/content_5625569.htm.